ひと目でわかる皇室の危機

天皇家を救う秘中の秘

水間政憲

lizuma

社

ひと目でわかる皇室の危機——天皇家を救う秘中の秘

天皇の御一家の家族写真（平成21年、宮内庁）

道鏡を左遷した和気清麻呂公による「宇佐八幡大神の神託」
（神護景雲三年：769）
「我国は開闢（かいびゃく）以来君臣の分定まれり、臣をもって君とすることは今だあらず、天津日嗣（あまつひつぎ）は必ず皇緒（こうちょ）をたてよ。無道の者は速やかに追掃すべし」（万世一系の皇統が我が国体の礎である）
※宇佐神宮は、全国八幡宮の総本宮であり、皇室では伊勢神宮につぐ御先祖の神宮として崇敬されていました。（宇佐神宮刊「絵でみる和気清麻呂公一代記」より）

将来の天皇陛下とブータン国王

（ブータン王室広報局）

令和元年8月19日、ブータンを訪問されていらっしゃった秋篠宮御夫妻と悠仁親王殿下は、首都ティンプーの国王の執務室や僧院のある“タシチョゾン”にワンチュク国王ご夫妻を表敬訪問されました。そのときに撮された将来の天皇陛下悠仁親王殿下（12歳）とブータン国王に即位なさるジグメ・ナムゲル王子（3歳）のツーショット写真は、現地で話題になっておりましたが、我が国のマスメディアは、ほとんど報じてませんので、ここに掲載させていただきました。

東久邇宮盛厚王殿下と照宮成子内親王殿下御成婚

（昭和18年10月13日）

照宮成子内親王殿下の御成婚は、東久邇宮盛厚王殿下の母上で明治天皇の皇女だった聡子内親王殿下以来29年ぶりの慶事であり、皇室の伝統に則して宮中賢所で執り行われました。ちなみに成子内親王がまとっている十二単は母上香淳皇后陛下の衣装だったのです。

明仁親王殿下と正田美智子さん御成婚

（昭和34年4月10日、宮内庁）

この写真は、朝見の儀の後の記念撮影ですが、正田美智子さんは、勲一等宝冠章を佩用して執り行われました。

全国で600万枚を目標に配布されている皇室安泰チラシ

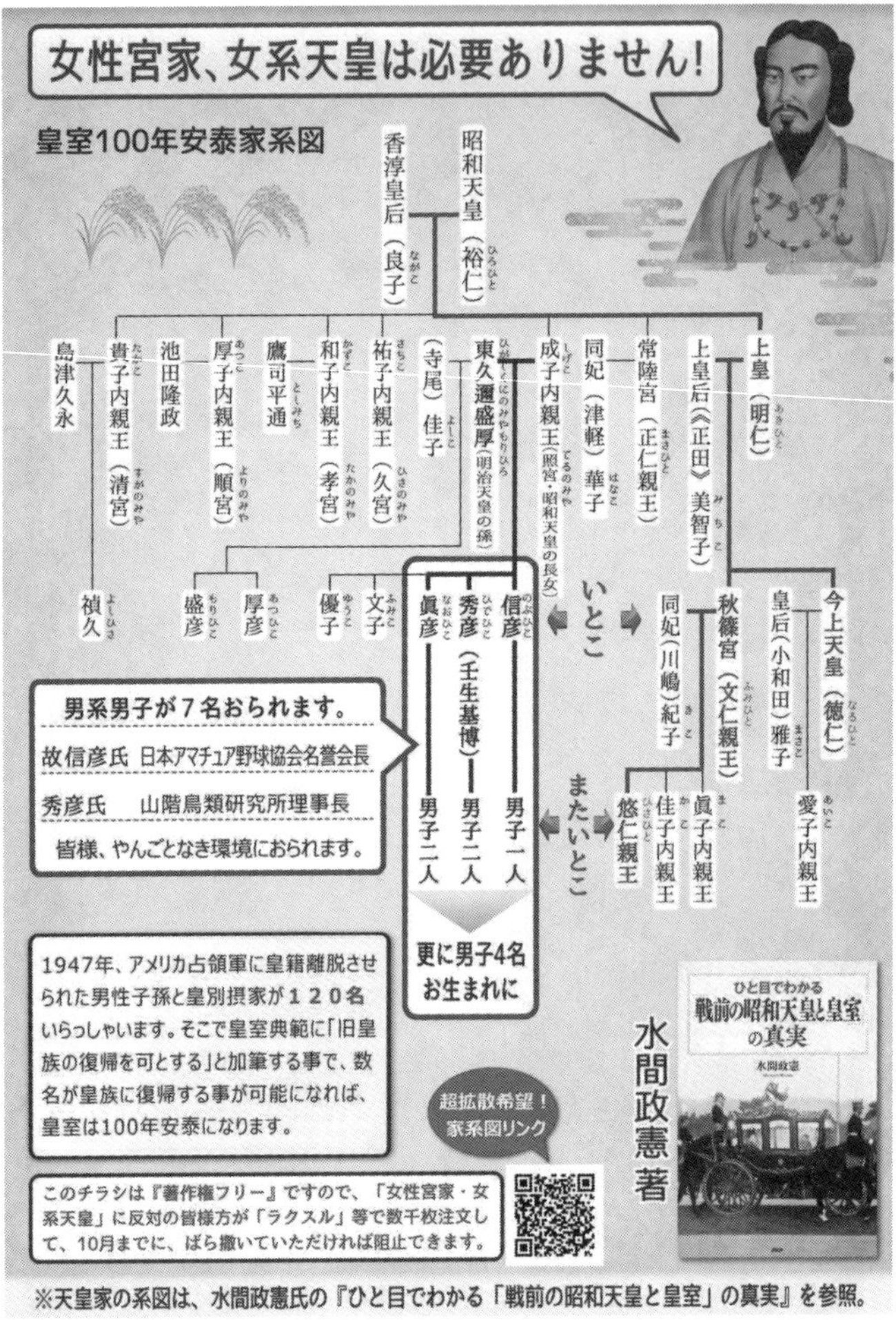

昭和22年に「皇籍離脱」された11宮家は
すべて「伏見宮邦家親王」の子孫

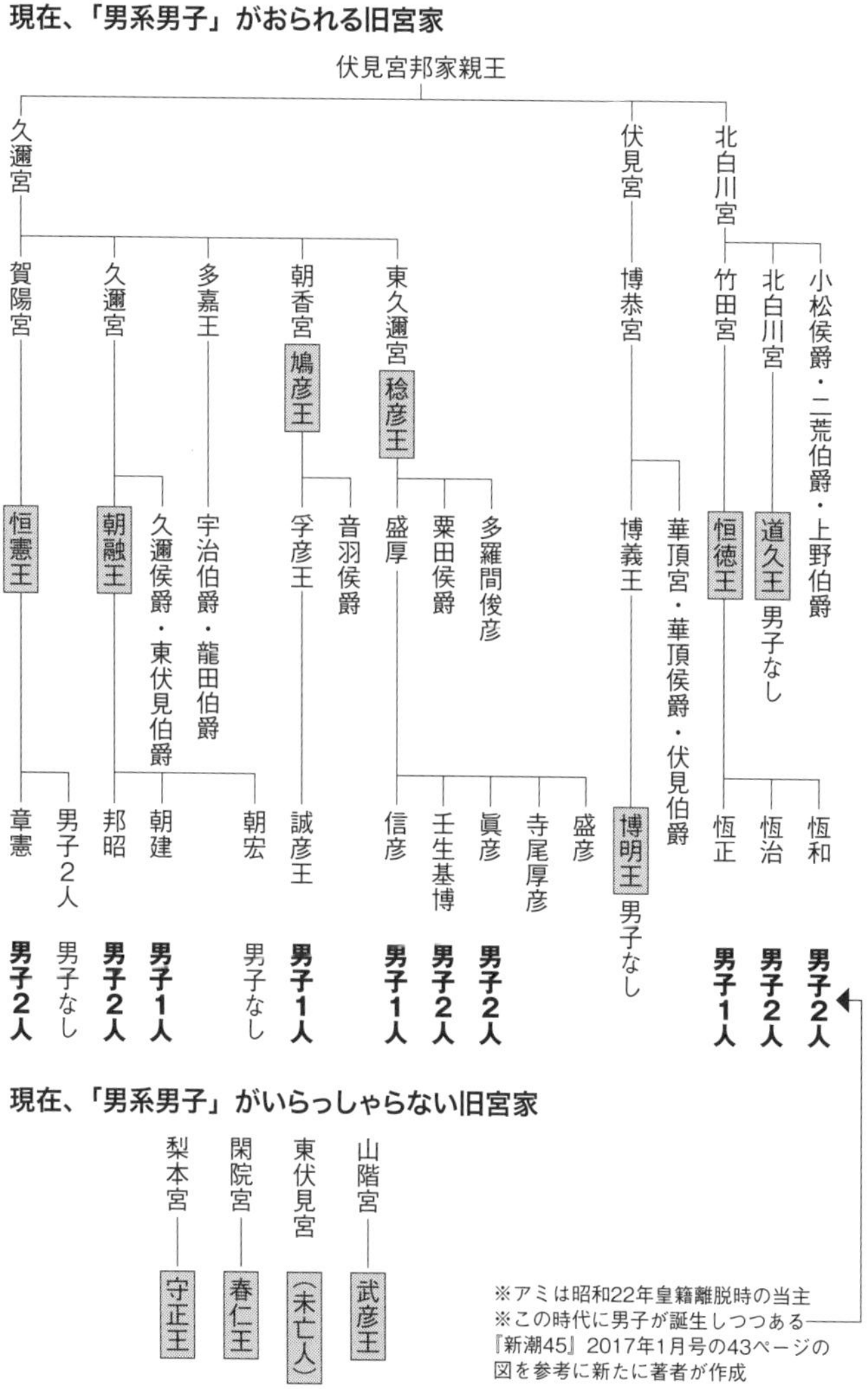

※アミは昭和22年皇籍離脱時の当主
※この時代に男子が誕生しつつある
『新潮45』2017年1月号の43ページの図を参考に新たに著者が作成

天皇家の系図

明治天皇（睦仁《むつひと》） 明四五・七・三〇崩
昭憲皇太后（美子《はるこ》） 大三・四・一一崩

- 稚瑞照彦尊《わかみずてるひこのみこと》 明六・九・一八薨
- 敬仁親王《ゆきひと》 明一一・七・二六薨
- 大正天皇（嘉仁《よしひと》） 大一五・一二・二五崩
  貞明皇后（節子《さだこ》） 昭二六・五・一七崩
- 猷仁親王《みちひと》 昭二一・一一・一二薨
- 輝仁親王《てるひと》 明二七・八・一七薨
- 稚高依姫尊《わかたけよりひめのみこと》 明六・一一・一三薨
- 薫子《しげこ》内親王 明九・六・八薨
- 韶子《あきこ》内親王 明一六・九・六薨
- 章子《ふみこ》内親王 明一六・九・八薨
- 静子《しずこ》内親王 明二〇・四・四薨
- 昌子《まさこ》内親王（常宮《つねのみや》）……（竹田宮妃） 昭一五・三・八薨
- 房子《ふさこ》内親王（周宮《かねのみや》）……（北白川宮妃） 昭四九・八・一一逝
- 允子《のぶこ》内親王（富美宮《ふみのみや》）……（朝香宮妃） 明八・一一・三薨
- 聡子《としこ》内親王（泰宮《やすのみや》）……（東久邇宮妃） 昭五三・三・五逝
- 多喜子《たきこ》内親王 明三二・一・一一薨

大正天皇の子

- 秩父宮（雍仁《やすひと》親王） 昭二八・一・四薨
  同妃（松平）勢津子《せつこ》 平七・八・二五薨
- 高松宮（宣仁《のぶひと》親王） 昭六二・二・三薨
  同妃（徳川）喜久子《きくこ》 平一六・一二・一八薨
- 三笠宮（崇仁《たかひと》親王） 平二八・一〇・二七薨
  同妃（高木）百合子《ゆりこ》 大一二・六・四生

三笠宮の子

- 三笠宮（寬仁《ともひと》親王） 平二四・六・六薨
  同妃（麻生）信子《のぶこ》 昭三〇・四・九生
  - 彬子《あきこ》女王 昭五六・一二・二〇生
  - 瑶子《ようこ》女王 昭五八・一〇・二五生
- 桂宮（宜仁《よしひと》親王） 平二六・六・八薨
- 高円宮（憲仁《のりひと》親王） 平一四・一一・二一薨
  同妃（鳥取）久子《ひさこ》 昭二八・七・一〇生
  - 承子《つぐこ》女王 昭六一・三・八生
  - 典子《のりこ》女王 昭六三・七・二二生
    千家国麿 昭四八・九・二生
  - 絢子《あやこ》女王 平二・九・一五生
- 甯子《やすこ》内親王 昭一九・四・二六生
  近衛忠煇 昭一四・五・八生
- 容子《まさこ》内親王 昭二六・一〇・二三生
  千宗室 昭三一・六・七生

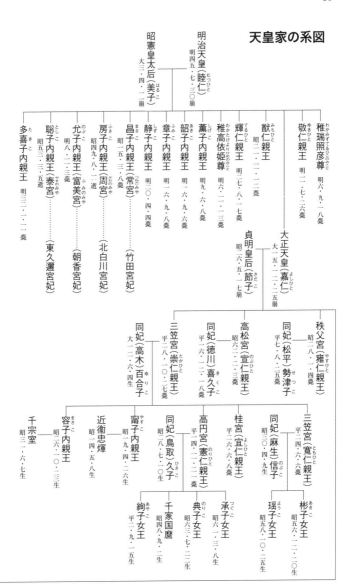

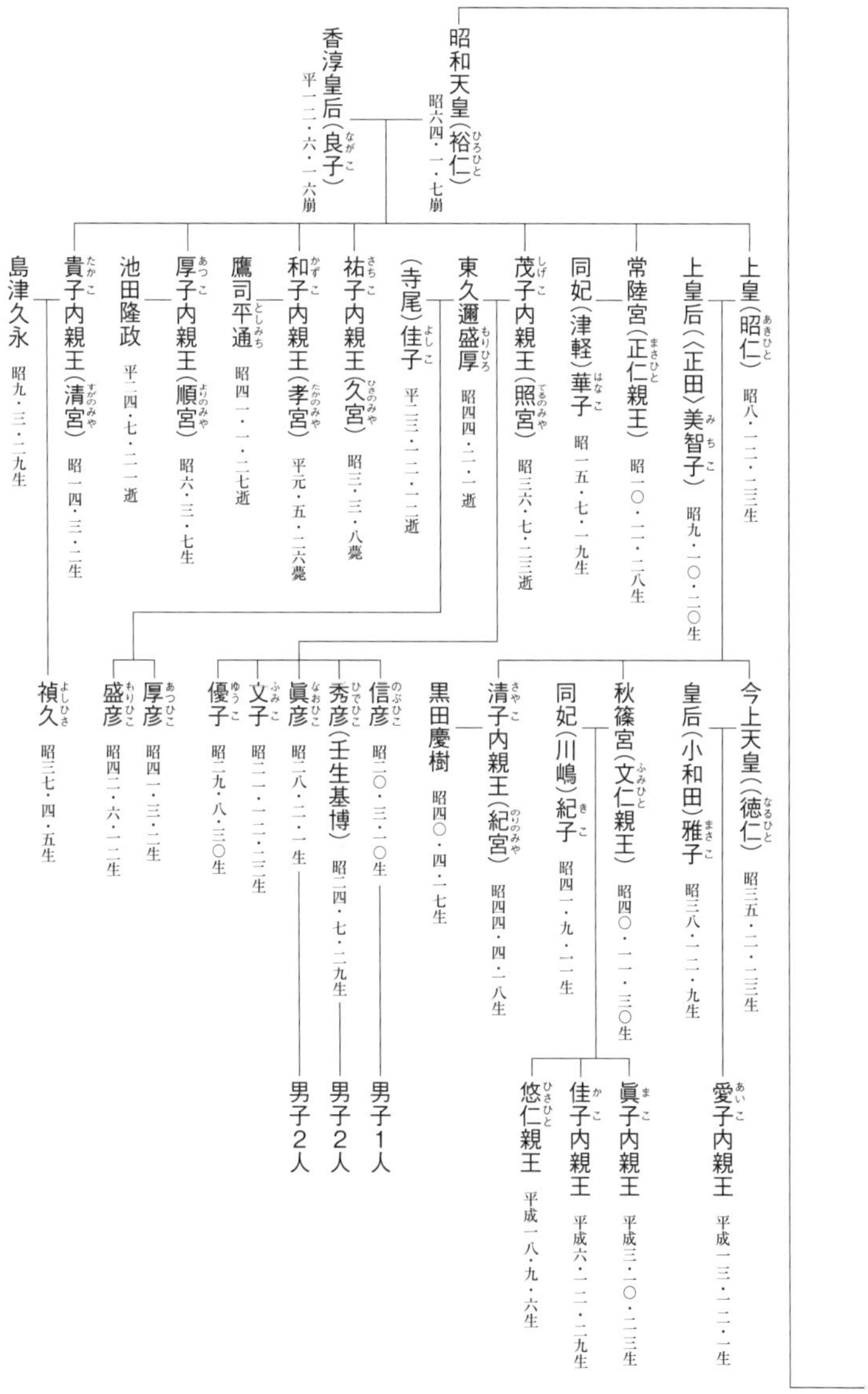
昭和天皇（裕仁《ひろひと》） 昭六四・一・七崩
香淳皇后（良子《ながこ》） 平一二・六・一六崩
上皇（昭仁《あきひと》） 昭八・一二・二三生
上皇后（〈正田〉美智子《みちこ》） 昭九・一〇・二〇生
常陸宮（正仁親王《まさひと》） 昭一〇・一一・二八生
同妃（津軽）華子《はなこ》 昭一五・七・一九生
茂子《しげこ》内親王（照宮《てるのみや》） 昭三六・七・二三逝
東久邇盛厚《もりひろ》 昭四四・二・一逝
（寺尾）佳子《よしこ》 平二三・一二・一二逝
祐子《さちこ》内親王（久宮《ひさのみや》） 昭三・三・八薨
和子《かずこ》内親王（孝宮《たかのみや》） 平元・五・二六薨
鷹司平通《としみち》 昭四一・一・二七逝
厚子《あつこ》内親王（順宮《よりのみや》） 昭六・三・七生
池田隆政 平二四・七・一一逝
貴子《たかこ》内親王（清宮《すがのみや》） 昭一四・三・二生
島津久永 昭九・三・二九生
今上天皇（徳仁《なるひと》） 昭三五・二・二三生
皇后（小和田）雅子《まさこ》 昭三八・一二・九生
秋篠宮（文仁親王《ふみひと》） 昭四〇・一一・三〇生
同妃（川嶋）紀子《きこ》 昭四一・九・一一生
清子《さやこ》内親王（紀宮《のりのみや》） 昭四四・四・一八生
黒田慶樹 昭四〇・四・一七生
信彦《のぶひこ》 昭二〇・三・一〇生
秀彦《ひでひこ》（壬生基博） 昭二四・七・二九生
眞彦《なおひこ》 昭二八・二・一生
文子《ふみこ》 昭二一・一二・二三生
優子《ゆうこ》 昭二九・八・三〇生
厚彦《あつひこ》 昭四一・三・二生
盛彦《もりひこ》 昭四二・六・一二生
禎久《よしひさ》 昭三七・四・五生
愛子《あいこ》内親王 平成一三・一二・一生
眞子《まこ》内親王 平成三・一〇・二三生
佳子《かこ》内親王 平成六・一二・二九生
悠仁《ひさひと》親王 平成一八・九・六生
男子1人
男子2人
男子2人

竹田宮恒久王《つねひさ》 大八・四・二三薨
同妃 昌子《まさこ》（明治天皇内親王） 昭一五・三・八薨

- 恒徳《つねよし》 平四・五・一一逝
  - （三條）光子 平二五・八・一一逝
    - 恒正《つねただ》 昭一五・一〇・一一生
    - 恒治《つねはる》 昭一九・八・三生
    - 恒和《つねかず》（元ＪＯＣ会長） 昭二二・一一・一生
    - 素子《もとこ》（佐藤家へ） 昭一七・五・五生
    - 紀子《のりこ》（渡邊家へ） 昭一八・六・一五生
- 禮子《あやこ》（佐野家へ） 平一五・九・三逝

朝香鳩彦《やすひこ》 昭五六・四・一二逝
同妃 允子《のぶこ》（明治天皇内親王） 昭八・一一・三薨

- 孚彦《たかひこ》 平六・五・六逝
  - （藤堂）千賀子 昭二七・一二・六逝
    - 誠彦《ともひこ》 昭一八・八・一生
    - 冨久子《ふくこ》 昭一七・二・一九生
    - 美仍子《みのこ》 昭二〇・一一・二四生
- 音羽正彦《ただひこ》 昭一九・二・六逝
- 紀久子《きくこ》（鍋島家へ） 平元・二・一二逝
- 湛子《きよこ》（大給家へ） 大八・八・二生

東久邇稔彦《なるひこ》 平二・一・二〇逝
同妃 聡子《としこ》（明治天皇内親王） 昭五三・三・五逝

- 盛厚《もりひろ》 昭四四・二・一逝
  - 成子《しげこ》内親王 昭三六・七・二三逝
    - 信彦《のぶひこ》 昭二〇・三・一〇生
    - 秀彦《ひでひこ》 昭二四・七・二九生
    - 眞彦《なおひこ》 昭二八・二・一生
    - 文子《ふみこ》 昭二一・一二・二二生
    - 優子《ゆうこ》 昭二九・八・三〇生
  - （寺尾）佳子《よしこ》
    - 厚彦《あつひこ》 昭四一・三・二生
    - 盛彦《もりひこ》 昭四二・六・一二生
- 師正王《もろまさ》 大一二・九・一薨
- 粟田彰常《あきつね》 平一八・八・三〇逝
- 多羅間俊彦《としひこ》 平二七・四・一五逝

令和元年8月8日現在

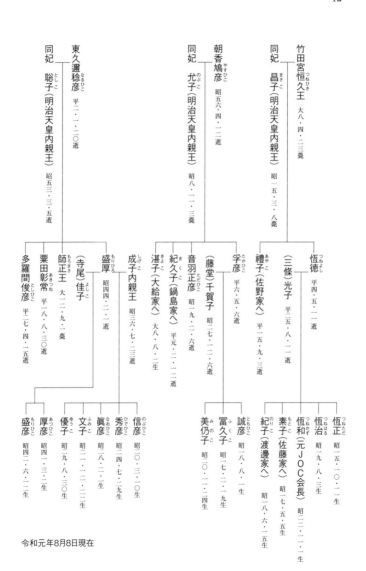

はじめに

櫻子　小室さんの子どもが「天皇」になってもいいの
両親　それは困る

櫻子は、北関東へ向かう高速バスの車窓から満開に咲き誇っている〝さくら〟を観ながら、一人で遅い「花見」を楽しんでいました。

丸の内の外資系企業に勤めている櫻子は、名前に影響されているのか、毎年、故郷の〝さくら〟が満開になる頃に有給休暇をとって帰省していました。

ただ今年がいつもと違っていたのは、満開の〝さくら〟を眺めていても、明るい気持ちになれなかったのです。

それは、3月18日、菅官房長官が予算委員会で「女性宮家法案に関しては、新天皇の即位後速やかに議論する」との答弁をニュースで知ってから、ずーっと頭の片隅から離れないからなのです。

櫻子の実家は、北関東の「**皇室大好き**」な両親がいる普通の家庭で、物心がついたときから仏間には、明治天皇・昭憲皇后、大正天皇・貞明皇后、昭和天皇・香淳皇后の写真が掲げられていて、皇室のニュースには、ついつい敏感に反応するように育っていました。

実家の玄関を開けると、いつもと同じく両親が「〝さくら〟はどうだった～」と聞く。

櫻子　満開だったけどなんとなく明るい気分になれなかった～

母　どこか体がわるいの……。

櫻子　大丈夫よ。

あとは、あたりさわりのない会話で、心配事は、のんびり実家で羽をのばし、数キロ体重が増えたことぐらいでした。

そして休暇最後の日、昼食を食べながら、櫻子が気になっていた「菅官房長官が女性宮家を創設するようなことを言っていたけど……」と述べると、

母　皇室は大事だから仕方ないのかもねぇ……。

櫻子　だけど**「女性宮家」なんて皇室の歴史に一度もなかった**の知ってる～。

父　そうは言っても**男子がいずれ悠仁さまお一人になるから、仕方ない**じゃないか……。

その後も両親は、消極的とはいえ「女性宮家」を容認する会話が延々続き、とうとう櫻子の堪忍袋の緒が切れて「お父さんが尊敬している小堀桂一郎先生は『女性宮家ができたら日本は終わりです』と断言されているんですよ、それでもお父さんもお母さんも『女性宮家』を認めるんですか」と、十数年ぶりに両親と大喧嘩《おおげんか》になった。

櫻子はこのまま東京に戻ったら気まずくなると思い、
「それじゃ小室さんの子どもが『天皇』になってもいいの」
と一言発すると、両親そろって、

「それは困る」

櫻子　そうでしょ～。東京に戻ったら、皇室100年安泰になる本贈るから……。

櫻子は、なぜか体の芯から熱くなっているのを不思議に感じながら、東京へ向かって突っ走る高速バスの車窓から、風に吹かれて散る〝さくら〟を心地よく眺めていました。

本書は、悠久の歴史を誇る皇統に「女性宮家」がなぜ必要ないのかを、誰にでもわかりやすく解説することを目的に、主人公の櫻子の「体験を小説風」にして上梓《じょうし》しました。

皇室大好きな一人でも多くの方々が手にしていただければと切に願っております。

平成31年4月8日（花祭り）に記す

近現代史研究家

水間政憲

第2章　皇室関連資料編

第1章

櫻子が語る〝皇室百年安泰〟の秘策

「悠仁天皇の防壁の『藩屏』として旧皇族子孫の皇籍復帰」、「男系男子の養子」など

第1話：民主主義の時代に女性天皇を認めないなんて!!

櫻子が勤めている外資系の会社には、欧米人もたくさんいます。

今日は、久しぶりに親友のナタリーとぶらぶら銀座を散歩してイタリアンレストランで食事をすることになりました。

ナタリーはフランス人で小学生のとき日本のアニメにはまり、日本大好きの「大和《やまと》撫子《なでしこ》」です。

皇室のことも詳しく知っていて、眞子さまの行く末を案じていることなど普通の日本人女性と変わりません。

ナタリー　櫻子〜、小学生のときから日本のマンガを見て育った私が不思議に思うのは、**日本の女性は源氏物語の時代から世界一男性に尊重**

されているのにもかかわらず、どうして女性天皇を認めないのかなぁ？　愛子天皇でいいじゃないかっていわれたら大半の日本国民は否定できないのではないかしら。

櫻子　女性天皇を認めてないわけではないわ。ところで、新天皇は126代目になるの知っている？

ナタリー　それって人類の奇跡よね！

櫻子　126代の天皇の中に8名の女性天皇がいたのよ。その中の2名が重複して天皇になっていたので10代の天皇は女性だったのよ。

ナタリー　それじゃなおさら愛子天皇を認めてもいいじゃない。

櫻子　ただ、8名の女性天皇は男系男子の天皇に繋《つな》ぐための窮余の策としての天皇だったのよ。だから生涯独身か未亡人を貫いていずれも1代限りだった。ナタリーは東京ドームにジャイアンツを応援にいっているけど「ピンチヒッター」ってわかるでしょう。それと女性天皇は少し似ているかなぁ。

ナタリー　じゃあ、愛子さまが天皇になったら結婚できない、ということね。女性天皇ではなく、悠仁さまが男性皇族としてお一人になる時代を見越して、**愛子さまや眞子さまが御結婚しても女性宮家を創設して皇室に残ることが、唯一皇室を護れるかのように日本のマスコミは報道しているけど、櫻子はそれも反対なの?**

櫻子　そこにトリックがあるのよ。**日本のマスコミは、社会主義政党と同じように皇室を解体することが民主主義と信じている「反日」的な伝統勢力が牛耳《ぎゅうじ》っている不思議な国なのよ。**

ナタリー　フランスの政党は極左の社会主義政党でも、伝統は伝統として重んじる愛国者ばかりなのに、日本は不思議なのねぇ。

櫻子　日本人が女性天皇を認めない!＝女性の人権を無視していると国連で大問題になったことがあっても、日本政府は外国人にも理解できる文脈での説明が不十分なのよねぇ。

ナタリー　**天皇陛下はエリザベス女王と違い、「神道」の神主さんのトップでしょう。**

櫻子　よく知っているわね。ローマ法王と同じように日本の伝統宗教の〝祭祀王《さいし》〟なのよ。

ナタリー　それじゃ女性天皇を認めないことはなにも問題ないわ。だって、これまでローマ法王に就任した女性は一人もいないもの。

櫻子　天皇が神道の〝祭祀王〟として2600年以上綿々と継承されていることは、日本人にとって空気を意識しなくても呼吸しているのと同じように、たとえ報道されなくても日本人の無意識の中に存在しているのよ。

ナタリー　櫻子〜、女性天皇を認めないのは民主主義国家でないと海外から批判されたら、「天皇陛下は伝統宗教の〝祭祀王〟であり、ローマ法王に女性が就任したことがないのと同じなので、それを批判すると『宗教差別』になりますよ」と一言いえば批判できなくなるのよ。

櫻子　そうよね。ローマ法王にはいまだに女性がいないのに、日本では1400年以上前に第33代推古《すいこ》天皇が女性天皇として即位していたんだから凄いでしょう。

ナタリー　そ〜よ、日本のほうがアメリカやヨーロッパより早く女性の人権を尊重していたなによりの証拠ね。だから私は、フランス生まれの「大和撫子」って言われるのが一番嬉《うれ》しいのよ。大学で「日本文学」を専攻して「源氏物語」にはまって以来、憧れの日本にきて驚いたのは、世界最古の恋愛小説を日本の女性とお話しできると楽しみにしてきたのに、櫻子もポカーンなのでがっかりなのよ。

櫻子　ごめんなさい、新元号も出典が万葉集なので、これを機会に古典文学を勉強するので教えてくださいね。

第2話：「女性天皇」と「女系天皇」の違いってなに!!

今日、櫻子は、久しぶりに高校の美術部で一緒だった京子と国立西洋美術館で開催されている「松方コレクション展」を鑑賞するため、上野公園に来ました。

京子とは高校生のときから、見逃せない美術展があるときはいつも一緒に鑑賞することにしています。

「国立西洋美術館」は、60年前に松方コレクションが国に寄贈されることで、オープンした経緯があり、今回の目玉の、行方不明だったモネの大作「睡蓮、柳の反映」（1916）が修復され初めて公開されたのを観るのが目的でした。その作品だけ二人は一緒に鑑賞しましたが、他の作品はこれまで通り、別々に鑑賞して、済んでから前庭のロダン作「地獄の門」の前で落ち合い、東京文化会館の精養軒で食事するのを20年来楽しみにしています。

櫻子　京子はなにが印象に残った？

京子　ゴッホの「アルルの寝室」かなぁ。

櫻子　あの作品も松方コレクションだったのに、戦後、フランスに留め置かれ、今にいたるまで、オルセー美術館の所蔵になっているんだから、フランスってズルいよね。

京子　戦争に敗けると美術作品にまで影響があるのよ。

櫻子　皇室で美術品に一番造詣《ぞうけい》が深いといわれる眞子さまも松方コレクション展を御覧になったのかしら。

京子　眞子さまは学芸員の資格をお持ちになっていて、レスター大学大学院の修士論文はたしか「博物館における展示物の解釈の可能性」だったようよ。

櫻子　戦前の皇族は演奏会より美術展を鑑賞することが多かったみたいよ。

京子　眞子さまの美術に対する見識は素晴らしいので、御結婚しても皇室に残っていただきたいわね。

櫻子　そのためには「女性宮家」が創設されなければ無理なのよ。黒田慶

帝展お成の東宮同妃両殿下（昭和天皇・皇后両陛下）
（「アサヒグラフ」大正13〈1924〉年10月29日号）

奉賛展お成りの久邇宮両殿下
（「アサヒグラフ」大正15〈1926〉年5月12日号）

久邇宮両殿下とは、写真上の良子皇太子妃のご両親です。我が国の文化勲章に占める割合は、圧倒的に美術作家が勲章を授章されていることが頷けます。

樹さんと結婚された紀宮さまのように皇籍を離脱され民間人にならなければならないから。

京子 女性宮家を創設する議論を大嘗祭後から始めると報道していたけど、どうなるかしら！

櫻子 京子はたしか大学で人文学者の小堀桂一郎先生に教わったのよねぇ。

京子 小堀先生のお父さまが画家とお聞きしてから、すごく親近感を感じてずっと尊敬しているのよ。

櫻子 **その小堀先生が「女性宮家ができたら日本は終わりです」と断言なさっていること知っている？**

京子 えっ本当！　小堀先生が仰るならそこには深い意味があるはず。

櫻子 そうよ皇統の歴史に「女性宮家」は存在したことがないので、日本が日本でなくなると先生は仰っているわ。

京子 たしかによく考えると、仮に愛子さまが女性宮家の当主として民間人とご結婚された場合、そのお子さまたちのお立場はどうなるのかしら？　当然、お子さまだけを民間人として切り離すことはできないでしょう。そして愛子さまが天皇に即位なされたら、否応なく、お子さまを皇太子として認めるべきとの声が大きくなるに決まってるわね。

櫻子 問題なのは、皇統というのは天皇の父親の父親……というように**天皇の父親を遡《さかのぼ》ると必ず神武天皇にたどり着くのが、いわゆる「男系」継承であり、これまで皇室が例外なく受け継いでいるという事実なのよ。**

京子 つまり、**「皇統の歴史上初めて父親が神武天皇の血統でない天皇が即位する」可能性があるということね。**ようするに**母親が天皇で父親が神武天皇の血統でない子ども――男子でも女子でも――が天皇に即位することを「女系天皇」というのね。**

櫻子 そう、**そこが「男系」「女系」の根本的な違いなの。**歴代の8名の「女性天皇」は、みな父親の血統を遡ると神武天皇にたどり着くってことなのよ。

京子 それじゃ「女性天皇」とか「女系天皇」なんて言わず、父親の血統が神武天皇にたどり着くか否かで判断するとわかりやすいわね。父親が神武天皇にたどり着く女性が天皇に即位すると「女性天皇」で、男性でも女性でも父親の血統が神武天皇にたどり着くことができない天皇を「女系天皇」と説明すると理解しやすいわね。

櫻子 そうそう父親が神武天皇の血統かどうか。それが問題の核心なのよ。**つまり歴代天皇はその皇統を守るために時の権力者たちとの政略結婚を拒んできたわけ**。

京子 極端なことをいえば、「女性宮家」ができたら父親が外国の方、たとえば中国や韓国の方の子どもが天皇に即位する可能性も否定できないということよね。

櫻子 **韓国系や中国系の方と結婚された女性宮家が誕生すれば、その可能性は否定できないわ**。

京子 そのことを国民が知ったらビックリして誰も「女性宮家」に賛成する人はいないでしょう。

櫻子 それがいるから問題なのよ。皇統断絶を目論む左翼勢力がそうだし、日本人といっても、朝鮮系も中国系も多い時代だからわかったものではないわ。

京子　**国民は、近いうちに男性皇族が悠仁さまお一人になり、皇統が断絶するとメディアからさんざん聞かされているから、「女性宮家」も致し方ないと思っているのよ。**

櫻子　**それが大嘘なのよ。**

第3話：隠されていた立派な「男系男子」の皇位継承者

京子　大嘘ってなにか証拠でもあるの。

櫻子　それがおおありなのよ。**GHQに皇籍を離脱させられた11宮家があったでしょ。現在、その宮家の中の7宮家10家族に「男系男子」がいらっしゃる**のよ。

京子　当然、その10家族の男性は、血統を遡ると神武天皇にたどり着くんでしょうね。

櫻子　もちろんよ。**その宮家の中に明治天皇のお孫さんに昭和天皇の長女さまが嫁がれ、3名の息子さんが誕生されていたのよ。**

京子　それって凄《すご》いことじゃない。昭和天皇の長女さまって**上皇のお姉さまの照宮さま**よね。

東久邇成子夫人と5名のお子さまたち（昭和30年頃の1枚）

次女優子さまがご誕生（昭和29年8月30日生）されて間もないときのスナップ写真ですが、お子様たちが皆、照宮さまに似ていて微笑ましいですね。

櫻子 そうなのよ。照宮さまの旦那さまは、終戦（昭和20年8月15日）の2日後に昭和天皇の要請を承けられ総理大臣に就任された**東久邇宮稔彦王のご長男の盛厚《もりひろ》さん**だったのよ。また、盛厚さまの母上は明治天皇の内親王聡子《としこ》さまなの。

京子 明治天皇と昭和天皇が、内親王さまを東久邇家に嫁がせていたことは、普通に考えても深い信頼を寄せていたことがわかるけど、それ以上になにか考えられていたんでしょうね。

櫻子 それはそうよ、**万が一でも皇統が断絶することのないように防壁の「藩屏《はんぺい》」として、信頼していた東久邇家に内親王さまを嫁がせていたの**でしょうね。

京子 「はんぺい」ってなに？

櫻子 **皇統を守護する**ことよ。たとえば悠仁さまが天皇に即位され、男子のお子さまに恵まれないとき、皇位を継承できる「男系男子」が待機されていらっしゃる宮家があれば国民も安心じゃない。

京子 「はんぺい」にふさわしい男系男子はどれくらいいるの？

第88衆議院本会議で施政方針演説する東久邇宮稔彦首相

（昭和20〈1945〉年9月5日）

我が国の有史以来、初めて敗戦したときの内政を指揮する首相に、昭和天皇は信頼を寄せられていた東久邇宮殿下を指名され、我が国危急存亡の大事な時期の流れをつくられた人です。内閣は59日と短命ではあったが、国民の不安を払拭されたことは、歴史に刻まれるべき人物なのです。

明治天皇内親王泰宮聡子妃の御結婚の正装

泰宮聡子妃は、明治天皇に防壁の「藩屛」と認められていた東久邇宮稔彦王殿下に大正4（1915）年5月11日に嫁がれていました。それ故、近代我が国が危急存亡の昭和20年8月15日、終戦のその日に東久邇宮稔彦王殿下は、昭和天皇に請われて内閣総理大臣を引き受けられていたのです。泰宮聡子妃が内親王として御結婚されたのち、内親王の御結婚は29年後に、東久邇宮稔彦王殿下の長男の東久邇宮盛厚王殿下に嫁がれた照宮成子内親王殿下の御結婚までありませんでした。これらのことから、いかに皇室は東久邇家を重要宮家として尊重されていたことが理解できるでしょう。

櫻子　１００名以上よ。特に今言った、**東久邇宮盛厚王**のお子さま３方は、今上陛下の従兄弟になり、ご両親の父母ともに皇族ということで、今上陛下より天皇の「血を濃く」引き継がれていらっしゃることは小学生でも理解できるでしょう。その３方には、悠仁さまと又従兄弟の男子の方が５名もいらっしゃるのよ。また、その５名の方の下の世代にも４名の「男系男子」がすでに誕生されているのよ。

京子　それじゃ小泉政権のとき、悠仁さまが誕生しなければ皇統が断絶す

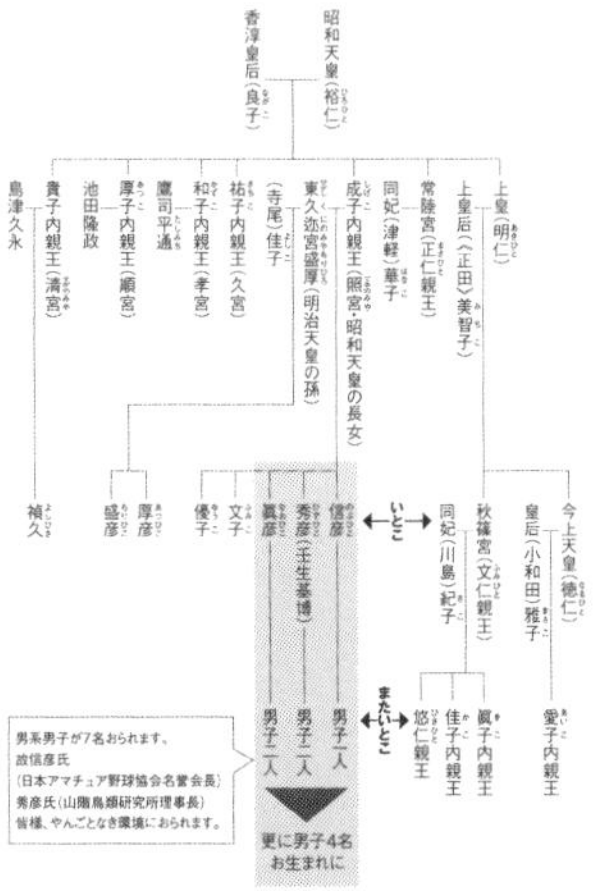

【皇室100年安泰家系図】この家系図を見ると、明治天皇と昭和天皇の内親王が嫁がれていた東久邇家が旧宮家の中で特別な存在だったことは一目瞭然です。2019年3月20日、参議院財政金融委員会において、野村善史審議官は大塚耕平議員の「成子内親王と東久邇宮盛厚様の系譜に男子がずいぶんいらっしゃるという認識は正しいでしょうか」との質問に「昭和22年に皇籍離脱された方々の段階につきましては承知していますが、その子孫の方々につきましては具体的には承知しておりません」と、述べていましたが、宮内庁審議官でも東久邇家の子孫に触れることができない巨大な権力に配慮していることが理解できるでしょう。

るかのような大騒ぎはいったいなんだったの？

櫻子　そうなのよ。皇位を継承しても国民から大歓迎していただける立派な血統の男系男子がいらっしゃることを、隠していたってことね。

京子　櫻子からいただいた残暑お見舞いのハガキ見て、今上陛下の従兄弟3名、悠仁親王殿下の又従兄弟が5名がいらっしゃることが、ひと目でわかり、ビックリしたわよ。

櫻子　驚かせるために出したわけでなく、受け取ったときの気持ちを知りたかったのよ。

京子　受け取ったときの印象は、今上陛下の従兄弟の2家族が皇籍復帰していただければ、皇室は100年安泰になると思ったわよ。

櫻子　ひょっとしたら残暑お見舞いに記載されていたQRコードを見たでしょう。

京子　正解！　見たわよ。あの皇室100年安泰家系図を国民が知ったら、女性宮家はまったく必要ないことが一目瞭然《いちもくりょうぜん》になるわね。

櫻子　「女性宮家」創設を推進している人物は、日本を壊そうとしている

東久邇宮盛厚王殿下と照宮成子内親王殿下の御結婚

（昭和18〈1943〉年10月13日）

昭和16（1941）年5月5日に御婚約が内定し、御結婚は昭和18年10月13日、時節柄、御結婚後、東久邇宮稔彦夫妻との昼食のときの服装は簡素で、盛厚王殿下は軍服、成子内親王殿下はローブモンタントで臨まれていました。

工作員か、たんなる無知のどっちかよね。

京子　私は残暑お見舞いに記載されていたQRコードを200名くらい転送したわよ。

櫻子　有難うございました。

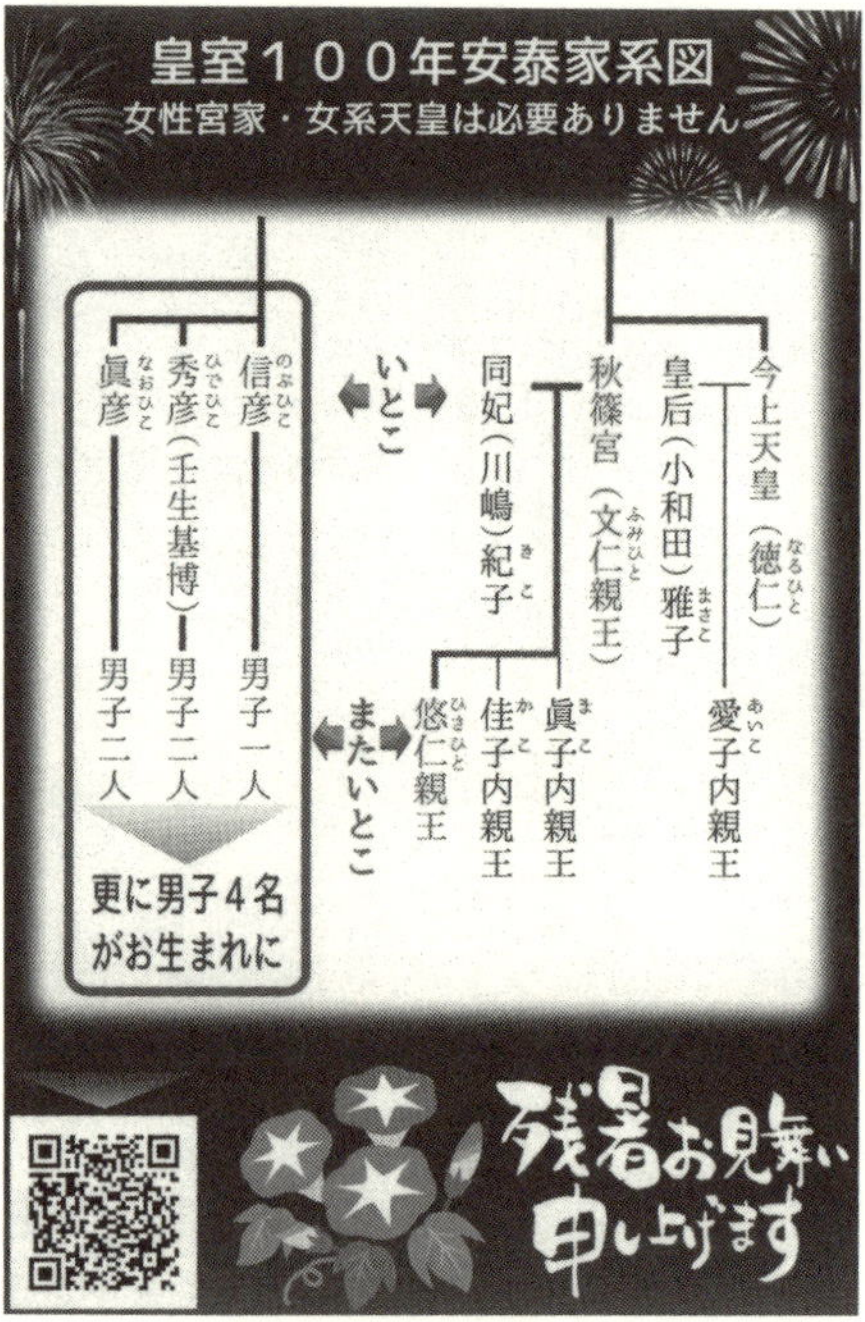

このハガキは、水間政憲ブログ【水間条項】に掲載されている画像データですが、他にも多数の画像がありますのでご覧ください。http://mizumajyoukou.blog57.fc2.com/

第4話：立派な皇位継承者を隠したのは誰なの！

京子　私の友人に中南米の女性大使がいるので、櫻子からもらった「残暑お見舞い」（皇室100年安泰家系図）の「残暑見舞い花火画像ファイル」をハガキに印刷して届けたら、**大使から「皇居には茶会とかで時々おじゃましているけど、皇室に、こんなに近い親戚がいらっしゃること、どなたからも聴いたことないわよ……」**と連絡があったのよ（https://drive.google.com/open?id=1umEXRo13PzQycnO1tR8lr3BKK_b7Bftl）。

櫻子　そうでしょう。私も「残暑お見舞い」の同じハガキ画像データを印刷して100名くらいに出したら、知らなかったという連絡がたくさん来たのよ。

京子　2019年の世界「報道の自由度」ランキングで、日本（67位）が

櫻子　韓国（41位）より下って赦せないと思っていたけど、きっと国の根幹に関わるこのような重大な情報が封印されていることも影響しているのでしょうね。

京子のご両親も皇室ファンだったでしょう。京子のお父さんにも残暑お見舞いのハガキを出したのよ。

京子　それが大変なことになって！

櫻子　なにかあったの？

京子　父が地元の後援会長やっている代議士の事務所に行って、直接代議士にあの残暑お見舞いのハガキを見せて「これはどういうことかね」と尋ねたら、東久邇家のことはまったく知りませんでしたと平謝りだったそうなのよ。

櫻子　国会議員のレベルも地に堕ちたよね。

京子　先週、親戚の結婚式で帰省したら、父が「地元のバカ代議士を応援するのがつくづくバカらしくなったので、こんど櫻子さんを連れてきてくれないか」と、真顔で言うのよ。

櫻子　京子のお父さんに「櫻子さん」なんて言われた記憶ないわよ。いつも「さっちゃん」だったのに。

京子　やっぱり櫻子は勘がいいわね。父も古希を過ぎて会社のことは兄に任せてから、にわかに皇室のことが気になってきたんですって。そうして心配していたとき、皇室オタクの櫻子が頭に浮かんだそうよ。

櫻子　なんて浮かんだのかなぁ？

京子　それが、櫻子には父が話すからお前は言うなって口止めされているのよ。

櫻子　ナイショで教えてよ。

京子　じゃぁひとつだけ条件を出すわよ。今度帰省するとき一緒に父にあってくれる。

櫻子　いつも会っているじゃない。そんな簡単なことでいいの？

京子　父は次の総選挙にバカ代議士ではなく、櫻子に出馬してもらいたいそうよ。櫻子なら安心して皇室のことを託せるって、もう決めたような勢いだったわよ。

櫻子 私が！　地元に皇室大好き青年がたくさんいるじゃない。

京子 それがなかなか目にかなう人がいないって嘆いていたのよ。

櫻子 うちの父もそうだけど。保守言論人も批判だけを繰り返していても「それじゃどうすればいいの」かを、教示してくれなければ不安を煽るだけよね。

京子 そんなところに櫻子の残暑お見舞いを見て大当たりってワケ。

櫻子 残暑お見舞いのハガキは、インターネット情報をいただいただけじゃない。

京子 それをハガキにプリントして父に出す行動力に、なにかピーンときたみたいよ。

櫻子 お父さんも皇室が今、危機的な状況になっていると、感じているようね。

京子 父は4月26日に起きた**悠仁さまの命を狙《ねら》ったテロに危機感**をいだき、なにか不安を感じているようなのよ。

櫻子 あのテロ未遂事件の政府の対応は不可解よね。

京子　そうそう犯人が3日後に捕まったのも不思議だし、犯人の「悠仁さまを刺すつもりだった」との供述が報道されたけど、なにかを意図してその供述をリークしたとしか考えられないわね。

櫻子　**「女性宮家」を推進する目的で実行したテロ**と感じているのは私だけじゃないと思うけど、あまりにも出来すぎで気持ち悪いのよ。

京子　そうよね。自称・長谷川薫というだけで犯人の本名も国籍も封印されているじゃない。

櫻子　都内全域の図書館や書店で『アンネの日記』を破っていた犯人が逮捕されたときも本名と国籍が精神鑑定とかの理由で封印されたじゃない。

京子　あれは酷かったよね。世界中のユダヤ人の顰蹙《ひんしゅく》をかっただけでなく日本の名誉も傷つけられたにもかかわらず、その後、裁判が行われた形跡もないなんておかしいよね。

櫻子　そうなのよ。悠仁さまを狙った犯人はたった20分間で防犯カメラの配線を切り、悠仁さまの教室を特定して悠仁さまの机の上に、包丁を置いた。土地勘のない関西方面の人間が、よ。**大きな組織が関与しなければ犯行は無理**でしょう。犯人は関西方面の者と報道されても、インターネットにも情報がまったく出ないなんて不思議なのよ。そしてまた鑑定留置になったようだけど、煙りのように消えたわね。

京子　平成最後の月に起きたのも象徴的よね。

櫻子　東京で時々「反天連（反天皇制運動連絡会）」のデモが行われたり、悠仁さまの命を狙ったテロが勃発《ぼっぱつ》しても、**悠仁さまの警備が今まで通りなんておかしい**じゃない。

京子　**その犯人と「女性宮家」を推進している組織が水面下で連携**しているように感じるわね。

櫻子　実際に**平成時代になってから「女性宮家」を推進する流れができ、小泉政権以降露骨**なのよ。

京子　小林よしのり氏は、以前、「ＳＡＰＩＯ」誌で、**旧皇族が世俗に染まったとの認識を示し「どこの馬の骨」**（２０１０・６・９号：61ページ）**と揶揄《やゆ》**していたけど、「ＳＰＡ！」（２０１９・６・４号）で露骨に「だ

櫻子

が頑迷保守どもは、まだ皇室に牙をむき続けるつもりだ！　**上皇・天皇・秋篠宮さまの共通の願いである愛子皇太子と女性宮家創設を妨害し続けるだろう。国民の80％が賛成する女性天皇、双系（女系も可）天皇に、反対し続けるつもりだ！」**と、女性宮家・女系天皇論を全開にして、この勢いで「皇太子がいないままでは、祭祀の継承ができない。**帝王学は天皇の背中を見て修得していくものなのだ！　秋篠宮さまは、帝王学は習ってはいない。悠仁さまには当然、祭祀も帝王学も継承できないのである。**ごーまんかましてよかですか？　愛子皇太子を実現せねばならない！」って吼《ほ》えているのよ。

彼はどこから**「上皇・天皇・秋篠宮さまの共通の願いである愛子皇太子と女性宮家創設」の情報を得た**のかしら。彼が悠仁さまの祭祀の継承を心配するなら、子どもはお母さんの背中を見ても育つので、**母の雅子皇后陛下が皇室の重要祭祀をことごとく「欠席」**している愛子さまのことも心配しないとおかしいじゃない（157ページ・皇室日程表参照）。

京子　上皇后と皇后は、おそろいでコンサートを鑑賞された翌日の「重要祭祀」を『欠席（お慎み）』されていたことなども、国民が知らないから好き勝手に言っているようね。

櫻子　小林さんは個人の意見を吐露しているのか、ある組織を代弁して言っているのか、わからないけど、女性宮家を推進している彼が「愛子皇太子」と言っていることで見えてくるものもあるわ。

京子　小林さんにひとつ聞いてみたいことがあるのよ。

櫻子　ひょっとして「昭和天皇の長女の照宮さまが嫁がれた男系男子の東久邇宮盛厚王殿下は明治天皇のお孫さんですが、そのお子さまたちを〝どこの馬の骨〟と仰いますか」じゃない。

京子　その通り。それに答えられないのなら、小林さんは皇室について語る資格はないわね。

第5話：納涼船クルーズでの話題は「2020東京オリンピック」と「皇室」

櫻子が勤める外資系会社の男性社員は、おおざっぱに分けると、日本大好きオタク外国人、逆に白人優越主義の西欧人、西欧コンプレックスのいけ好かない日本人、そして数少ないバリバリの愛国日本人に分けられますが、櫻子が花火大会や納涼会といったイベントに付き合っているのは、オタク外国人のジェームズと愛国日本人の太郎くらいです。

先週は隅田川の花火大会を満喫して、今週は浜松町から納涼船で東京湾クルーズに参加しました。

ジェームズは、3回の挑戦で見事最難関の漢字検定一級に合格したつわものですが、なぜか日本人女子社員に引かれています。

一方太郎は、西欧人のプレッシャーに打ち勝つために愛国を選択したことが見え隠れし、ジェームズに漢字でいじられ「スネ夫くん」状態ですが、なぜか二人は仲良しなのです。

櫻子は、そんな二人を引き連れ、浜松町から徳川家伝説の「安宅丸」に乗り込むと、オタクと愛国のテンションは最高潮に！

ジェームズ　櫻子さんは仕事も凄いけど遊び方も最高ですね。

太郎　安宅丸を選んでくれて有難うございます。僕が佐幕派だったのを知ってのチョイスですよね。

櫻子　ハイハイ。今日は私が乗船したいから選んだだけなの。

ジェームズ　令和から江戸時代にタイムスリップしたみたいです。

太郎　令和になって怖い事件・事故に異常気象で気持ちが沈んでいたので嬉しいですよ。

櫻子　そうよね。私、少し霊感が強いのでわかるけど、起きないことを願っているのは一番怖い地震なのよ。東京オリンピックが心配なのよ。

ジェームズ　その前に新天皇が新嘗祭《にいなめさい》を「践祚大嘗祭《せんそだいじょうさい》」として大々的に執り行うことになっていますが、春に100年に一度と言われている不吉な「竹の花」が全国で咲いたと報道されていたので心配です。100年に一度の不作になるかも知れないですから。

櫻子　そろそろベイブリッジよ。皇室の話は「銀座ライオン」に行ってから聞きま〜す。

第6話：皇室関連情報はまさに納涼

櫻子　さぁ〜着いたわよ。皆さん入って。左のいつもの席よ。

ジェームズ　櫻子さんはいつもこの席を予約してますが、なにか想い出の席なのですか。

櫻子　とりあえず乾杯。この銀座ライオンは1934年に開店した古い歴史があることは知っているわよね。少女時代に持ち歩いてた立原道造の詩集の口絵の写真が、この席で写したものだったのよ。彼は1914年生まれで24歳で亡くなったので、この席でビールを飲んでいたのは3年くらいだったと思うといろいろ甦《よみがえ》ってくるのよ。

太郎　へぇ〜「鉄の女」と呼ばれて怖れられている櫻子さんにもロマンチックな想い出があったんですね。

櫻子　あなたね。そんなことを女性に言っているからダメなのよ。

太郎　すいません。それではお詫《わ》びに、櫻子さんが知りたい情報をひとつ。5月4日に新天皇皇后両陛下の一般参賀が行われていたとき、僕が住んでいる府中市の大國魂神社では、「くらやみ祭」（4月30日～5月6日）が行われていたんですが、その最中に大粒の雹《ひょう》が直撃して、あわや祭りが中止になる寸前にまでなったんです。結局、神社側は行事をひとつ中止することで祭りが継続されたものの、東京競馬場では10レース以降が中止になりました。**5月5日は大國魂神社の例祭で、その前夜祭に雹が直撃するとは不吉です**。大國魂神社は第12代景行天皇が建立したとの伝説もあり、武蔵国の総社だったわけですから、ただの偶然とは思えないわけで、報道されないのが不思議です。

櫻子　たしかに令和になってから、**異常が続いているわね**。6月18日の夜には**雅子皇后陛下と縁のある村上市を震度6強の大地震が襲ったで**しょう。これにはビックリよね。

ジェームズ　5月4日は一般参賀に午後から行こうと思って部屋を出たら、突然雷雨になったので諦《あきら》めたけど、やっぱりテレビのニュースで雹と雷雨に触れないことが不可解だね。

櫻子　親日のジェームズは日本のなにが一番おかしいと思っているのかなぁ？

ジェームズ　それはやっぱりマスメディアですよ。特にテレビは知りたい情報を封印して、どうでもいいニュースばかり流しているし。日本をおかしくしているのは間違いなくマスメディアです。

櫻子　マスメディアが「法と証拠」に基づき客観的な情報を流していたら、日本はより世界中から尊敬してもらえる国になれるのに、韓国より「報道の自由度ランキング」が低いようじゃ先行き暗いわね。

太郎　櫻子さんが明るくなれる希望はなんですか？

櫻子　それはね、中高時代の親友とともになんとか「女性宮家・女系天皇」の議論を阻止して、旧宮家の「皇籍復帰」と「旧皇族の男系男子・の養子」を認める方向への目処を立たせること。その暁に来年のオリンピックを8kテレビで観戦することかな。

太郎　櫻子さんってバリバリの「右翼」みたいですね。

ジェームズ　櫻子さんは太郎と同じ愛国者でいいじゃない。**僕の国では櫻子さんも太郎も普通の国民だけど、日本では「右翼」って言われてかわいそう。**

櫻子　やっぱりジェームズはいいやつだよ。来週はここで親友と飲もうかなぁ。

第7話：「女性宮家」推進派の矛盾を粉砕します

櫻子が中高時代の親友・京子と銀座で落ち合う場所は、きまって「銀座ライオン」です。

京子 ごめんごめん、待った。会議が延びちゃって……。
櫻子 この席に座っているときはなにも気にしなくてもいいのよ。
京子 中学生のときから憧れていたそんな席、私も欲しいなぁ。
櫻子 皇室オタクの私が安心して話し合えるのはやっぱり京子が一番よ。
京子 暇なとき皇室情報をチェックするのは普通かと思っていたら、出身地によって温度差があるのでビックリよね。
櫻子 私たちの地元が普通じゃないのよ！　ところで最近なにか気になる情報あった？　仕事がめちゃめちゃ忙しくて、菅官房長官の女性宮家の議論推進発言と大塚さんの参議院での審議以降、皇室情報にあまり接してないのよ。

京子　最近、父が皇室のことを凄く心配しているので、親孝行をかねてネットをチェックしていたら、やっぱり国会議員は無知なのが多いわね。

櫻子　それはそうよ。小林よしのりさんの話を国会議員が有難く聴いているようじゃねぇ。

京子　そうそう**会社に取材にきた新聞記者さんに、小林よしのりさんが「上皇・天皇・秋篠宮さまの共通の願いである愛子皇太子と女性宮家創設……」と、断定して書いていていましたがニュースになっていませんね、と聞いたら「それはあり得ないでしょう」の一言だった**わよ。

櫻子　小林さんは裏づけられる証拠を出さなければアウトでしょう。それ以上におもしろい国会議員の情報ある。

京子　旧皇族・旧宮家の皇籍復帰は国民感情に沿わないとか、女性宮家・

愛子天皇を容認すべきなどと小林さんと同じようなことを言っている人がいるわ。「30親等、15代16代遡った兄弟で15代16代こう降りてくるとですね。こういうとなんですけどほとんど血の繫がりがないんですよ。10億分の1なんですよ。たとえば親子が2分の1というふうに数えればですよ、おじいちゃんが4分の1のDNAっていう言い方で2の30乗するとですね10億なんです。……10億人可能性がある……」とか、トンチンカンなことを言っているのよ。

櫻子　その議員は単に「DNA」と言っているところが詐欺師なのよ。古代中世近代の日本人の素晴らしいことは、遺伝子工学もなにもわからない時代を通して「Y染色体」の存在を無意識に認識していたことなのよね。単に「DNA」と表現すると親子で2分の1、祖父母で4分の1の延長が「10億分の1」なんてもっともらしいことを言っていても、「Y染色体」は父親からコピーされたものが男子だけに直接受け継がれるので2分の1ではなく「神武天皇からのY染色体」が一貫して男系男子だけに受け継がれていることを知らないよ

うね。**歴代の天皇の父親はすべて「神武天皇からのY染色体」のコピーを受け継いできたので、ナタリーが「人類の奇跡」と言っていたことは「Y染色体」の存在が発見された現代だからこそ理解できる奇跡的に凄いことなのよ。**

京子　この国会議員は、「DNA」を単に遺伝子と解釈しているようなのよ。「DNA」はデオキシリボ核酸の略称でしょ、「遺伝子」は「DNA」と「RNA」（リボ核酸）で構成されていることも知らないのよ。「染色体」は遺伝情報を担う部品であり、その中の**「Y染色体」は父親のコピーがそのまま男子だけに受け継がれてきた特殊性**をまったく認識してない愚か者なのよ。

櫻子　国会議員ってだいたいその程度なのよ。天皇は、天皇に即位した方の父親の血統を「Y染色体」で遡ると神武天皇にたどり着くということなのよね。

京子　**3月20日の参議院財政金融委員会で大塚耕平議員が、東久邇家の家系図に触れたことで、「女性宮家」推進派が焦りだしたの**が見え見えで、ここが急所だったようね。

櫻子 そうそう、東久邇家の家系図が公になって、女性宮家がまったく必要ないことが明らかになったことで、推進派が**「東久邇家だけを取り上げるのはおかしい」**とかヒステリックに反応していておもしろいでしょう。

京子 櫻子が言っていた、**天皇の防壁の〝藩屏〟として国民が納得できる東久邇家のことを「〝天皇の血〟論は不敬かつ実質的な女系論」など珍説を述べている人がいるのよ。旧皇族11宮家は神武天皇から受け継がれてきた「Y染色体」が同じであれば、あとは国民が日常的に理解できる「血の濃さ」に関心が向くのは当然で、今上陛下の従兄弟や悠仁親王殿下の又従兄弟がいらっしゃる東久邇家を特に注目するのは当たり前**じゃない（8ページ参照）。

櫻子 東久邇家に今上陛下の従兄弟が3方いらっしゃったことが公になり、ずーっと**宮内庁が隠していた事実**が、平成の最後に大塚議員の質疑で国会の議事録に記録されて「女性宮家・女系天皇」推進派は顔面

京子　蒼白《そうはく》、驚天動地になっているようね。
その他に**「皇別摂家は民間人であり、皇位継承権はない」**との珍説。**民間人であろうとなかろうと皇統であれば万が一のときの対象になり、大ベストセラー『国民の歴史』を執筆した西尾幹二先生は、ズバリ「天皇とは血統と神話がすべて」と断言しており、血統すなわち「天皇の血」の重要性を説いているのよねぇ。**

櫻子　そうなのよ。本来なら西尾先生の**「天皇とは血統と神話がすべて」で議論の余地などない**のよ。現代に生きる日本人の役割は、伊勢神宮の内宮に繋がる参道に架けられている宇治橋の板1枚くらいの認識にたって、皇統の伝統を未来の日本人に繋ぐことだけ考えればいいのよ。その伝統とは現代の言葉でいえば、「神武天皇のY染色体」を維持し継承することに必要な法律を整備することがすべてなのよね。実際、**神武天皇の血統の男性が120名もいらっしゃる**ことが明らかになっているのですから「女性宮家・女系天皇」の議論をする余地などまったくないでしょう。

京子　あと「悠仁殿下の又従兄弟を出す必要がないし、**情報が古い**」っていうのもあったのよ。情報が古いなんて吹き出してしまったわ。よほど悠仁親王殿下の又従兄弟の存在が邪魔なのよね。**悠仁さまの又従兄弟が5名もいることを国民が知ったら、一切女性宮家など必要なくなるので、ここが「女性宮家」推進派の急所**だったみたいね。

櫻子　馬渕睦夫元ウクライナ大使が「ＷｉＬＬ」８月号に「**女性宮家創設問題は、我が国の有史以来最大の国難だと言えるのです**」と警鐘を鳴らしているようだけど、奈良時代の「道鏡事件」以来２回目の国難なのよ。最近、東久邇家を中心に盛り上がっている状況を教えて……。

第8話：大高未貴さんの虎ノ門ニュースが「女性宮家」推進派に激震を与えた

京子　今、私が日本のジャーナリストとして一番立派な仕事をしていると思っている大高未貴さんが、櫻子が泣いて喜ぶようなことをやってくれたわよ。

ジャーナリスト大高未貴

櫻子　なになに早く教えて。

京子　**未貴さんが担当している虎ノ門ニュース番組のコーナー「ミキペディア」で、「封印されていた万世一系の紡ぎ方」と題して、「女性宮家・女系天皇」推進派に原子爆弾を落としたような衝撃を与えた**のよ。

櫻子「えぇ〜、教えてくれればよかったのに。

京子櫻子がチーフとして巨大プロジェクトのプレゼン寸前だったので控えていたのよ。

櫻子お陰でプレゼンは上手く行って、今は遊びまくってるからどんどん教えて。

京子上念司さんっているじゃない。彼が「愛子さまが天皇になられるのは、なんの問題もありません」と、発言したあとに、すかさず未貴さんが「女性天皇を議論する前に、〝封印されていた〟皇統の血を継承する男子に言及しておきたいと思います」って、上念さんへ猫パンチを食らわせたのよ。

「2019年3月20日に開かれた参議院財政金融委員会で、国民民主党の大塚耕平議員が代表質問をされました。大塚議員は近現代史家の水間政憲氏の著書『ひと目でわかる「戦前の昭和天皇と皇室」の真実』を取り上げ、天皇家の家系図に皇位継承権を得ることができる男系男子が多数いることを指摘したのです」っていったとたん、

櫻子　上念さんの顔色がかわり、その焦りようったらなかったわよ。

京子　大高さんやってくれたわね。

櫻子　それに引き続いて未貴さんが「ところが、それらの案（女性宮家・女系天皇）を吹き飛ばすような発見を水間さんが2年前に偶然されたのです」って発言したら**上念さんが「まさに奇跡ですね」って発したのよ。吹き出したわよ。愛子さまに天皇って言っていた舌の根もって言いたくなるくらい彼は焦りまくりだったのよ。**

京子　虎ノ門ニュースは2週間で観られなくなるでしょう。それ観たいなぁ〜。

櫻子　探すと観られるかも。探してみるね（2019年4月12日の虎ノ門ニュースの大高未貴氏の「ミキペディア」https://www.youtube.com/watch?v=mJcExSRe328）。

京子　お願いしま〜す。

櫻子　それが**配信4日目には50万アクセス越えたので政府は焦ったのか。3月18日に菅官房長官が「女性宮家法案に関しては、新天皇の即位**

後に速やかに議論する」と断言していたにもかかわらず4月17日に「女性宮家法案の審議は来年4月の〔立皇嗣の礼〕の後まで一年先伸ばしにします」と発表したのよ。

櫻子 2週間目のアクセス数はどのくらい？

京子 確かYouTubeだけで58万アクセス越えていたので、他と合わせると**100万アクセス**くらいはいったんじゃない。

櫻子 それは政府も焦るわね。

京子 未貴さんは、短いコーナーで完璧にポイントを押さえ、「水間さんは『明治以降の皇室の家系図を正確に知りたい』との動機から皇室について調べていたところ、明治天皇のお孫さまの東久邇宮盛厚親王殿下と、そこに嫁がれた昭和天皇の長女であられた成子内親王殿下の間に3名の男子のお子さまがお生まれになっているのです。（中略）さらに、その3名には悠仁親王殿下の又従兄弟にあたる5名の男子がおられます。とても濃い天皇の血が流れており、まさに男系男子にふさわしい方々です。（中略）もともとGHQは、将来的な皇室の断絶を画策して11宮家から皇籍を剥奪《はくだつ》したわけじゃないですか。中には『皇籍を戻すには典範を改正する必要がある』など、さまざまなことを言う人がいますが、特別措置法を適用すれば皇籍復帰は可能でしょう。なにより問題なのは、2年前に発見されたこの事実を宮内庁が把握していなかったということです」

櫻子　と述べると、司会の居島さんも「ええ!?　本当ですか」と驚きを隠せなかったわ。末貴さんは「把握しながら公表していなかったかも知れませんが、だからこそ〝封印〟されていたと水間さんは指摘されていました。もしこの事実を発見していなかったら、この血筋はまったく活かされなかった」と、末貴さんはさらさら疑問に答えていて気持ちよかったわ。

京子　大高さんは地道に取材しているのが素晴らしいですね。取材しているからわからないことも明らかにしていて「水間さんに『大塚さんに連絡して国会で質問をするように助言されたのですか!?』と聞いてみたのですが、まったくの偶然だったそ

東久邇宮盛厚王殿下と照宮成子妃の御長男信彦王殿下

昭和20（1945）年3月10日、東京大空襲によって東久邇宮邸は焼け落ち防空壕で信彦王が誕生されました。盛厚王殿下と照宮成子妃の長男信彦王殿下との記念写真。

うです。たまたま3月18日に菅義偉官房長官が予算委員会で『女性宮家法案に関しては、新天皇の即位後に速やかに議論する』と明言され、水間さんは『その前にやることがあるだろう！』と東久邇家の皇籍復帰が頭をよぎった。その翌日に、水間氏は北方領土に関する情報提供のため、大塚議員に会う予定になっていた。大塚議員は、（中略）国会で鋭い質問をされていたので、信頼できると資料を持っていったそうです。そのついでに大塚議員に東久邇家の男子の存在を説明したそうです」

と述べると、上念さんが「しかも、このタイミングで東久邇信彦さまが逝去された」と、発すると、すかさず未貴さんは「ですから、水間さんは『**国体を維持するために何らかの天のご意思が働いたとしか思えない**』と」完全に取材に裏打ちされたコメントを述べているところが、最近話題になっている女性ジャーナリストとは雲泥の差なのよね。

櫻子　本当に素晴らしいわね。京子、お父さんに大高さんを紹介してあげ

東久邇信彦氏　銀行支店長時代

2019年3月20日、参議院財政金融委員会で大塚耕平議員が、東久邇家の家系について質問したとき、野村善史宮内庁審議官は「東久邇家の子孫については承知していない」と答弁したその日の早朝に、逝去されており、宮内庁が今上天皇の「従兄弟」の存在を隠そうとしたことに対して、偶然とは思えない天の采配を感じるのです。東久邇信彦氏は、日本アマチュア野球協会名誉会長を務められておりました。逝去される1週間前には明仁天皇（現：上皇）は、信彦氏のお見舞いに駆けつけられていたことを報道され明らかですが、甥と叔父として親しくされていらっしゃったのです。小林よしのり氏は、東久邇信彦氏を含めた旧宮家の方々を「どこの馬の骨」と揶揄していましたが、国民が東久邇家の情報を知ったことで、小林氏の妄言に付き合う者は誰もいなくなるでしょう。

たらいいのに！

京子　大高さんが地盤でもない私たちの地元から出てもらえないわよ。

櫻子　そっか！　国会は最高の言論の府といわれていても、今、自民党の女性議員で仕事ができるのは、高市早苗さんと上川陽子さんぐらいじゃない。そこに実績のある大高さんが加われば、女性議員で日本を護ってもらえるんじゃないかなぁ。

京子　私もそう思っていたのよ。それプラス櫻子がいれば完璧じゃない。

櫻子　その話はおいといていいの！

第9話：国会議員の怠慢と覚悟

櫻子　今起きている内政外交問題も、中川昭一さんが健在だったらほとんど問題になってないように思ってるけど、京子はどう思う。

京子　そうねぇ〜国会議員が怠慢なのか、選んでいる国民がバカなのか、日本がどんどんおかしくなっているわよね。

櫻子　安倍首相になってから、民主党でも通さなかった事実上の移民政策である入管法を改悪したり、水道法改悪、種子法改悪、アイヌ新法と称する〝民族分断法〟まで、通してしまって、最後に女性宮家・女系天皇まで容認されたら、小堀桂一郎先生が仰る通り「日本は終わりです」ってことが、保守を自認している方もわかってないようね。

京子　わかってないどころか、安倍首相にかわる人材がいないって保守派

櫻子　国民やメディアは、口をそろえて言っていて気持ち悪いのよ。昭一さんが亡くなって、みんな腰抜けになったのよ。

京子　なにか知っているの？

櫻子　昭一さんは**アメリカ国債をこれ以上買い増しすることを拒んでいたじゃない。亡くなったらすぐ21兆円も買い増しされてる**ことなど、マスメディアや評論家なら誰でも知っていても、皆さん貝になっているのよ。

京子　そうよね。**朦朧《もうろう》記者会見だって仕組まれた**ことは明らかなのに、全マスメディアが狂ったように嘘を流していたわよね。

櫻子　フェイクニュースそのものなのよ。この体たらくなら**「報道の自由度ランキング」が韓国のずーっと下**なのも頷けるでしょう。

京子　そうよね。２００９年10月27日の「中川昭一先生の追悼の会」に櫻子と参加したじゃない。あのとき登壇した議員の「愛国の信念」は偽りだったのかしら。

櫻子　今でもあのときのことは鮮明に覚えているわ。

中川昭一先生追悼集会

2009年10月27日、憲政記念館に5000人が参集していました。

京子 たしか火曜日だったので午後4時出発の日比谷公園からの追悼行進には参加できなかったけど、櫻子と会社帰り、タクシーで憲政記念館に直行したら、会場だけじゃなく駐車場まで満杯で、正門前にも入れない方々が溢《あふ》れていてビックリしたわね。

櫻子 5000名が参集された熱気を今でも仕事に行き詰まったとき、気持ちを奮い起たせるために時々10・27全記録動画を視聴するのよ。

【中川昭一先生追悼の会全記録】（ニコニコ動画）

https://www.nicovideo.jp/watch/1562875923
【中川昭一先生追悼の会全記録】（YouTube）
https://www.youtube.com/watch?v=bJrXFOm2m48

京子　ちょうど憲政記念館に着いた午後5時18分から1分間、全世界で同時に中川昭一先生に黙禱《もくとう》したことを思い出すと、今でも悔しくて涙が出るのよ。

【中川昭一先生追悼集会の司会を務めた西川京子前衆議院議員（現：九州国際大学学長）】
西川京子先生は、中川昭一先生から「お姉さん」と慕わておりました。

櫻子　西川京子先生が、司会を務められている途中で声を詰まらしていたのが目に焼き付いているわ。

京子　日本のマスコミはなにを恐れているのか、いまだに昭一さんのイタリアでの朦朧記者会見の真相を報道しないのも不可解よ。

櫻子　中川財務大臣は「朦朧会見」の

前日、IMF（国際通貨基金）の金庫が底をついていて、財政破綻《はたん》寸前だったチェコ、ハンガリー、アイスランド等の救済に手を差しのべ、1000億ドル（約10兆円）をIMFに「米国債」を拠出（貸出し）してIMFのドミニク・ストロスカーン専務理事と調印式を行ったとき、同専務理事が**「中川財務大臣と日本政府には人類史上最大の貢献をしていただいた」と、大絶賛していた発言をいまだに日本の報道機関は封印しているのよ。**

京子　その後、軽い昼食を中川大臣と玉木林太郎財務省国際局長と中川氏の秘書、女性は、越前谷知子読売新聞記者、原聡子日テレ記者、下土井京子ブルームバーグ記者の計**6名でしたようだけど、開けたのは赤ワイン1本**なのだから一人ワイングラスに3分1くらいの量じゃない。

櫻子　そこでなにがあったのか、知り合いの記者によると**越前谷知子記者と原聡子記者は取材に応じることなく逃げ回っている**ようなのよ。

京子　その事実が明らかにされなければ、中川昭一さんはいつまでも成仏できないわよ。

櫻子　明らかにしようとするとスキャンダルを捏造《ねつぞう》され、言論界や政界から抹殺されるか、昭一さんのように殺られるかのどちらかなのよ。

京子　それで皆さんくわばらくわばらなのね。

櫻子　アメリカの圧力で、「のんびり安心簡保」をガタガタにされ、問題が表出しても小泉とアメリカが悪いと誰も口が裂けても言わないでしょうね。

京子　そこを衝くと命の危険があることを学習したのよ。

櫻子　実際、中川さんが2009年10月3日に不審な死に方で亡くなったあと、次期フランス大統領間違いなしと言われていたストロカーンIMF専務理事がニューヨークのホテルに宿泊していた2010年春、唐突に黒人のホテルのメイドにセクハラをしたとフランス大統領選の立候補を妨害するように逮捕拘留され、大統領の芽がなくなって無罪放免されとき、心底**アメリカの恐ろしさ**を知ったわよ。

京子　皇室だってアメリカが仕掛けた**「皇室解体時限爆弾」が旧皇族11宮**

家の「皇籍剝奪」だったのに、いまだ皇族の財産がどうのこうのとアメリカを擁護する情けない国会議員もいるのよね。

櫻子　国民が覚醒《かくせい》しなくては日本が終わること、すでに時間がないことを解ってもらうにはマスメディアがいかに酷いか明らかにしてあげなければ、「GHQの呪い」が実施され「女性宮家・女系天皇」法案が実現されることになるわね。

京子　バチカンの和田誠神父さんの証言だけでも国民に知らせたらいいんじゃない。

櫻子　奥さんの郁子さんにも同じような内容の手紙が来ていたようだけど、皇室を護るために**和田神父の証言**を国民に知ってもらうのがいいわね。バチカン博物館を案内した和田神父は〝あの日の中川大臣〟との現場での一部始終を月刊「正論」（2009年5月号）に証言録として寄稿しても、無視され見なかったことにされているので、少し長いけど引用してあげなくてわね。

「私は今、日本から送られてくる報道に、大きな戸惑いと、深い悲しみを抱いています。私自身も関わった中川前大臣の博物館見学が、何故あのように、事実と異なる形で報じられるのでしょうか。私は見学の間中、通訳として中川前大臣の最もお側近くにおりましたが、報道のような非常識な行為を、見た記憶はありません。また、中川前大臣はあの時、酔っているご様子には見えませんでした。

私はアルコールを一滴も受けつけませんので、その臭いには敏感です。しかし中川前大臣からは、お酒の臭いはしませんでした。

以下、日本の報道のどこが事実と異なっているか、ご説明したいと思います。

今回の問題を最初に報道した朝日新聞に、こう書かれています。

『(バチカン博物館に) 到着時から中川氏の足取りはフラフラとおぼつかなく、言葉もはっきりしなかったという。案内役の説明を聞かずに歩き回ったほか、入ってはいけないエリアに足を踏み入れたり、触ってはいけない展示品を素手で数回触ったりした。そのために警備室の警報が少なくとも一回なったという』足取りがふらふらしていたかは、見る人の主観によるものでしょう。しかし言葉がはっきりしなかったとは、いったい誰が言っているのでしょうか。見学の間中、中川前大臣とお話したのは通訳であった私です。中川前大臣の言葉は、非常にはっきりしておりました。『案内役の説明を聞かずに歩き回った……』というのも、おかしな話です。案内役とはイタリア人ガイドのことでしょうが、彼女のイタリア語の説明を中川前大臣が聞けるはずがありません。中川前大臣は、私の通訳を聞いていたのです。私が通訳をしている間は、もちろん歩き回りなどしませんでしたし、非常に熱心に耳を傾けておられました。『入ってはいけないエリアに足を踏み入れたり、触ってはいけない展示品を素手で数回触ったりした』というのも、私には大いに疑問です。少なくとも私は、明らかに非常識とされる場面は目撃しませんでした。一つだけ心当たりがあるとすれば、朝日新聞の記事に出てくる次のような指摘です。

『バチカン博物館でも特に有名な、「八角形の中庭」の「ラオコーン」像を見学した際には、観光客が近づき過ぎないようにするための高さ三十センチのさくを乗り越えて石像の台座に座るなど、非常識な行動をとったという』

この時の様子は、私も覚えています。さくというのは誤りで、実際はロープでしたが、中川前大臣がラオコーン像に見入るあまり、ロープを越えて近づいたのは確かです。このため、そばにいた警備員がイタリア人ガイドに一言二言注意しましたが、中川前大臣はすぐ戻ったため、特に問題にはなりませんでした。『石像の台座に触ることもしていません。記事が指摘するような『非常識な行動をとった』とは、私を含め周囲の誰も思わなかったことだけは、述べておきたいと思います。

バチカン博物館は規模が大きく、普通に見学すれば五～六時間はかかります。そこを一時間半ほどで見て回り、しかも世界最大級の教会堂建築として知られるサン・ピエトロ大聖堂まで見学したのですから、相当な急ぎ足で、とても『フラフラ』できる余裕はありませんでした。しかし、十分な時間はとれなかったとはいえ、このときの見学は、とても有意義であったと私は思っています。

中川前大臣は私に、美術と歴史に関することを、とても気さくに話しかけて来られました。お話の内容から、とくに古代ローマへのご関心が高いようでしたので、私はイタリア人ガイドに指示して、ローマ美術とそれ以前のエルトリア美術を展示してあるコーナーを集中的にご案内しました。私は通訳の役目を、十分に果たしたものと満足にしていました。

ところが一週間後、あのような報道がなされたのです。

この間、バチカンで中川前大臣の『非常識な行動』が話題になったことは全くなく（そもそも非常識な行動などなかったのですから話題にならなくて当たり前ですが）、それこそ寝耳に水の思いでした。

朝日新聞の報道ののち私は日本の新聞社、通信社、テレビ局から取材を受け、事実かどうかと聞かれました。

そこで、中川前大臣の行動に非常識な点はなかったと繰り返しご説明したのですが、私の発言は一行も報じられませんでした。

日本のマスコミはすでに、中川前大臣は酔っていたはずだ、非常識な行動をしたに違いない、という先入観にとらわれており、私の意見をまともに聞こうとはしなかったのでしょう。どの報道も朝日新聞と似たり寄ったりだったことは、残念でたまりません。中川前大臣には、ご同情申し上げます。

また、御家族をはじめ身近な人たちのご心痛を思うと、やり切れない思いです。私はたまたま通訳として、今回始めて中川前大臣とお会いしましたが、その場にいたものとして、事実と異なる報道で苦しんでおられるのを見過ごすわけにはいきません。

このため取材にも積極的に応じてきましたが、記者たちの先入観を改めることはできませんでした。

今はただ、バチカン観光における誤解が一日も早く解け、皆さまに心に平穏が訪れるよう、祈るだけです」

京子　これを読んで**日本の全マスメディアがアメリカの手先を演じている**ことを認識しなくては、日本の未来はないでしょうね。
3月20日の大塚耕平議員の質問に対する安倍首相の答弁が大問題になってから、産経新聞に「あれは11宮家のすべてについてであって」と弁解の記事が掲載されたけど、国民が国会議事録で確認すれば、この言い訳は通用しないでしょうね。大塚議員の「このGHQの指示に基づいて11宮家と26人の皇族の方が皇籍離脱をしたという、これをこのままにしておいて本当に戦後政治の総決算ができるというふうにお考えですか」との質問に対し、安倍首相は「皇籍を離脱された方々はもう既に、これは70年前の出来事で、**70年以上前の出来事**でございますから、今は言わば民間人としての生活を営んでおられるというふうに承知をしているわけでございます。それを**私自身がまたそのGHQの決定を覆すということはまったく考えてはいないわけでございます**」と答弁したけれども、もし「まったく考えてはいない」という発言を弁解するのであれば、「女性宮家・女系天皇」をまったく考えてはいないとすれば済むはずよ。


【3月20日参議院財政金融委員会：大塚耕平議員の質疑動画】

（YouTube）

https://www.youtube.com/watch?v=2NDmMxTiVcs
（ニコニコ動画）

https://www.nicovideo.jp/watch/sm34829433

櫻子　今年の臨時国会は日韓関係とかいろいろ問題があり目を離せないわね。

京子　実際、安倍首相が、参議院財政金融委員会での答弁の解釈を、間違と指摘するなら国会答弁が稚拙だったたってことでしょう。「まったく」との文言は「すべてにわたって」とか「完全に」であり、「一部の宮家の皇籍復帰も考えてない」としか解釈できないわよね。

櫻子 仮に安倍首相が旧皇族11宮家から数宮家の復帰を考えているのであれば、**特措法で「皇統の安定継承を維持するため旧皇族11宮家からの皇籍復帰を可とし、皇室会議において旧宮家の男系男子の中から推薦することとする」**と、**「現宮家に旧皇族子孫の『男系男子の養子』を受け入れることを可とする」**の一文を国会で可決すれば国民も納得し安心できるでしょう。

第10話：「女性宮家・女系天皇」を推進するマスメディアの罪

京子　最近「ＮＨＫから国民を守る党」が話題になっているけど、なぜ受信料を払った人だけが視聴できる「スクランブル化」が必要なのか、具体的な説明がないので判断のしようがないわね。

櫻子　実際、**上皇陛下の生前退位も、眞子さまの恋人スクープもＮＨＫ**だったじゃない。たしかに「女性宮家・女系天皇」を推進しているのはＮＨＫと言っても過言ではない状況に楔《くさび》を打ち込んでくれるなら支持できるのにね。

京子　Ｎ国さん、しっかりしないと。ベテラン議員の手練手管で陥落しなければいいけど。

櫻子　私たちの地元じゃないけど、鶏冠あたまのあの人は愛国と無縁なので接近したらダメでしょう。お父さんのミッチーは人気があったのにね。

京子 皇室問題に議員バッジを賭ける議員が見当たらないのが悲しいわね。

櫻子 「女性宮家・女系天皇」が容認されるとなぜ問題なのか、マスメディアが報道しないので国民がなにも知らないのをいいことに、80％が賛成しているなどと、デマをたれ流しているでしょう。

京子 **戦前も現在もマスメディアがこぞって一方向へ誘導するときは、その反対に真実がある**と思って間違いないでしょう。

櫻子 今までの実例に基づけば京子の言う通りね。いっそのこと、目覚めている日本人はインターネットで情報を拡散しなければ、日本が終わることに気づいてくださいって、銀座で叫ぼうか。

京子 頭のいかれたオバサンって思われるのが関の山で、チラ見されて終わりじゃない。

櫻子 京子はオバサンって自覚しているのかな？ 私の会社は外資系ってこともあるけど、オバサン扱いしたやつは一発「セクハラ」でソウ

靖国神社大祭を参拝される照宮成子内親王

（昭和12〈1937〉年）

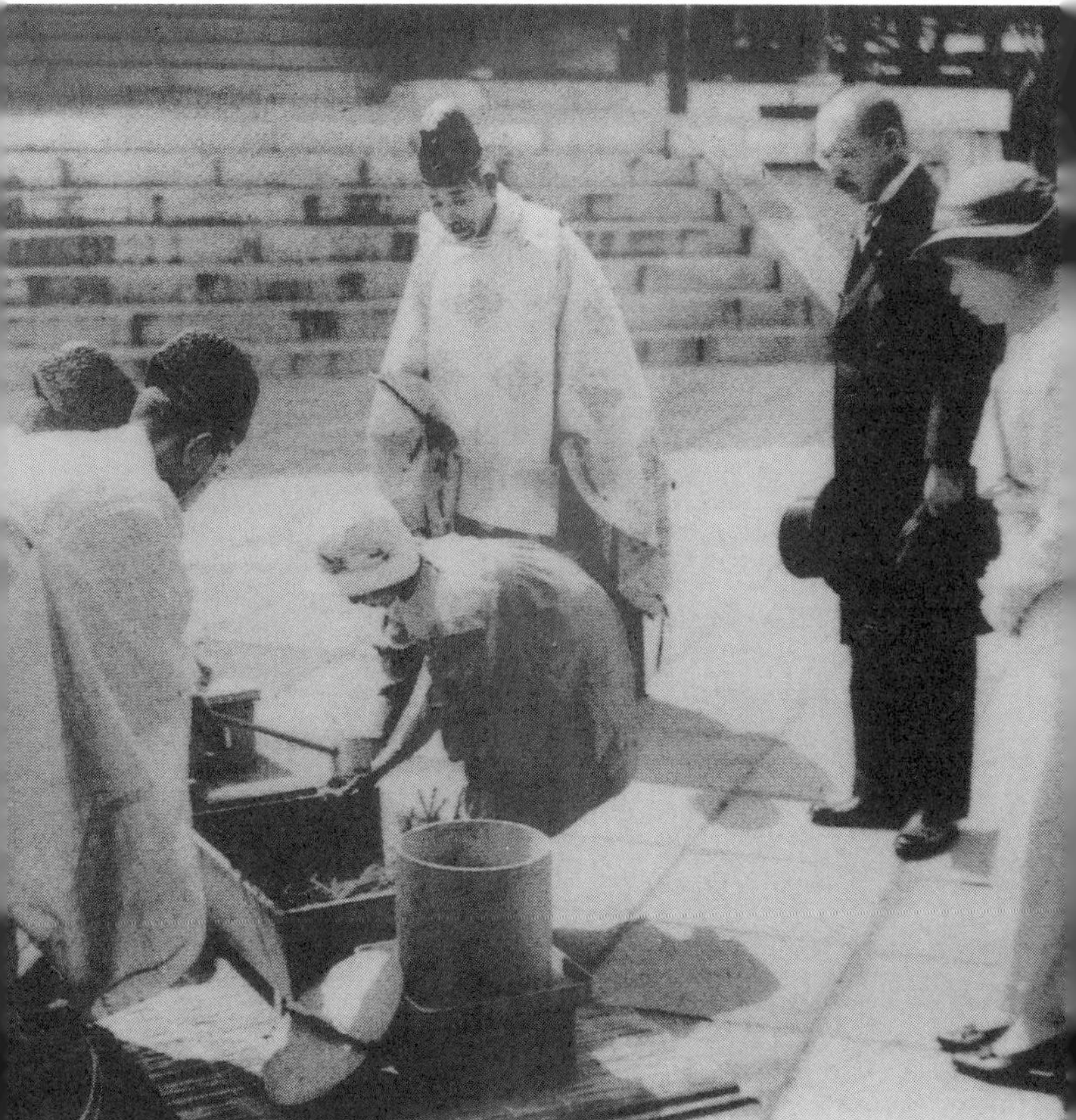

照宮成子内親王は、学齢期から呉竹寮で生活されており、すでに幼少期から皇族としての自覚から公的行事にも公務として靖国神社大祭を参拝されていました。このとき照宮成子内親王殿下は12歳ですが、昭和2年の日本学童選抜野球大会において、三笠宮崇仁親王殿下は11歳で始球式を務められており、これから悠仁親王殿下にもさまざまな公務を務められることを、期待されていらっしゃる国民がたくさんいらっしゃることでしょう。

御参拝の内親王殿下

（「アサヒグラフ」昭和19〈1944〉年4月5日号）

「照宮、順宮内親王殿下には春雨煙る3月22日九段の靖国神社にお成り遊ばされ、玉串を奠ぜられて護国の英霊にお成り御拝礼遊ばされ、ついで国防館に成らせ給ひ種々御興味深く御巡覧遊ばされた。御写真は御参拝の両内親王殿下」。当時、両内親王殿下は天皇皇后両陛下から離れ呉竹寮に住まわれ、土曜日に両陛下が呉竹寮を訪ねられ、内親王殿下は日曜日に御所に伺う生活をされていらっしゃいました。これが皇族としての自然な躾だったのですが、美智子皇太子妃が「ナルちゃん憲法」なる育児を実践され、現在に至っていますが、呉竹寮での自立した生活と「ナルちゃん憲法」のどちらが、皇族としての自覚が身につくかは論を俟たないでしょう。現在、靖国神社に参拝されていらっしゃる皇族は、三笠宮彬子女王と瑶子女王が例祭に参拝されております。

皇后陛下護国の英霊に御拝

（「アサヒグラフ」昭和19〈1944〉年7月5日号）

「畏くも皇后陛下には梅雨けふる6月26日午前靖国神社に行啓あらせられ、今春の臨時大祭に新に合祀された1万389柱の新祭を始め、護国の英霊に御拝あらせられた」とあり、さぞ英霊も悦ばれたことでしょう。

ルかアフリカへとらばーゆって感じかな。

京子　自覚したくないけど若い女子社員とカラオケに行くと悲惨なのよ。

櫻子　それ凄くわかるわ。歌は世につれ世は歌につれってことなのよね。

京子　それにプラスして右翼オバサンなのよ。

櫻子　それで出身地によっての話になるんだ。

京子　天皇を心配すると右翼なんて悲しいわ。天皇は左翼や中・韓が右翼神社呼ばわりする靖国神社を遠ざけていらっしゃるのにね。

櫻子　**靖国神社に天皇陛下がご親拝できなくなる世論を誘導したのも、朝日新聞が中国と一緒になって大騒ぎしたためで、朝日新聞の罪は重い**わね。**香淳皇后陛下が単独で靖国神社を参拝されていた頃、まだ幼い長女の照宮さまも単独で参拝されていた写真を見て感動したわ。**

京子　やはり子どもは、母親の背中を見て行動されていらっしゃったのね。

櫻子　**照宮さまが学習院中等科5年生のとき、皇女として覚悟を綴《つづ》られた作文**があったでしょう。時代のせいかも知れないけれど、今の愛子さまたち内親王からはその覚悟が伝わってこないわね。

【照宮さまの作文】

私はどういうめぐりあわせか高貴な家に生まれた。私は絶えず世間の注視の中にある。いつどこにおいても私は優れていなければならない。私は皇室を背負っている。私の言動は直ちに皇室にひびいてくる。どうして安閑としていられよう。高い木には風が当たり易い。それなのに高きにありながら多くの弱点をもつ自分をみるとき、この地位にいる資格があるか恐ろしくなる。

（秋元書房『皇女照宮』86ページ：昭和17年10月26日執筆）

京子　雅子皇后陛下は単独公務どころか皇室の重要祭祀をことごとく「欠席」されていらっしゃるので靖国神社の参拝などあり得ないでしょうね（91～93ページ参照）。

櫻子　そうでしょう。最近、美容室で女性週刊誌を見ると**愛子さまが悠仁さまより頭がいいので、悠仁さまより天皇にふさわしいなんて、歴代の天皇の男系男子の「血統主義」を無視して「能力主義」に変更し、なにもわかってない女性を誤誘導してる**のが目に余るわね。

京子　週刊誌の報道がどこまで本当かわからないけど、**美智子上皇后さまが**

東久邇宮成子妃（昭和18年新婚時代）

この写真の1年前に綴られた成子内親王の「作文」と、佳子内親王の大学卒業に際してのメッセージはあまりにも落差があり、「ナルちゃん憲法」の弊害を危惧されていたことが、半世紀を過ぎて表出したようです。

上皇上皇后が住まわれいた吹上御所は地下1階地上2階建て鉄筋コンクリート造り62室です。何故か吹上御所は空撮された写真ばかりで地上から写されものはほとんど公にされておりませんでした。

望まれている「愛子天皇」って書かれていたのもまんざら嘘とも思えないのよ。

櫻子　国民にはなぜか封印されているけど、そもそも上皇上皇后両陛下がお住まいなられていた吹上御所の建物の写真は上空からのものばかりでおかしいと思わない。地上から撮した写真を見るとはっきりわかるんだけど、天皇家にはなじまない教会建築を彷彿《ほうふつ》させる建物にお住まいになられていたのよ。

京子　日本のマスコミがずーっと隠していたとしか思えないわね。

櫻子 たった1枚の写真でこれまでの疑問がすっきり解る場合もあるでしょう。

京子 本当に美智子上皇后が悠仁さまがいらっしゃるのに「愛子天皇」を望まれていたとすれば、**皇室典範**（**憲法**）**違反**になってしまうし、皇室の政治的な発言を禁じている憲法下ではあり得ないことよね。

櫻子 その意味では**天皇の「生前退位」も本来憲法違反**でしょう。憲法下では一世一元を定めているんだから。これからなにが起きるかわからないわよ。女性宮家を阻止できなければいっきに「愛子天皇」が現実味を帯びてくるわね。

第11話：小室さんが「陛下」だなんて

櫻子　もし眞子さまが小室さんとご結婚されたら「陛下」だなんていやよね。

京子　小泉政権のとき「皇室典範に関する有識者会議」の報告書を見たとたん目がテンテンテンになったわね。

櫻子　あの発表された日も京子とここにいたわね。

京子　まず皇室典範改悪案「報告書」の始めに**「女性宮家及び女系天皇を容認する」**で頭が真っ白になって。次に**「皇位継承順位は、男女を問わず第1子（愛子内親王）を優先する」**で吐き気をもよおし、**「女性天皇及び女性の皇族の配偶者も皇族とし女性宮家の設立を認める」**を見て痙攣《けいれん》を起こし、倒れたわよ。

櫻子　それに**「永世皇族制を維持する」**とか**「女性天皇の配偶者の敬称は**

京子 **『陛下』とする」で開いた口が塞《ふさ》がらなくなったわよ。**

櫻子 今思い出すだけでゾッとするわね。
間違いなくあの改悪案に近いものが秋に出される可能性があるにもかかわらず、保守言論人と言われている人たちが沈黙しているのは赦せないわね。

京子 **仮に眞子さまが天皇に即位され、小室さんとご結婚されたら小室さんを「陛下」ってお呼びできますか？**

櫻子 **呼べるわけないじゃない！**

京子 今、女性宮家・女系天皇に賛成している皆さんにお訊きしてみたいのは、小室さんを皇族と認められますか？　ってことよ。

櫻子 秋に「女性宮家」が容認され来年に眞子さまが小室さんと御結婚されたら小室さんの敬称は**「殿下」**ですからね。

京子 これは仮の話だけど、**「女性宮家」が認められ眞子さまが宮家の当主となり、小室さんと御結婚されてお子さまが誕生され、悠仁さまがお子さまに恵まれなかったときには、小室さんの子どもが天皇に**

なることもあり得るのよ。そうなれば、反日日本人やマスメディアは万々歳なのでしょうね。

櫻子　それはあり得ることよね。最近マスメディアは小室さんが優秀な成績で卒業したとか、批判報道から上げ上げ報道にシフトしたのも不気味なのよね。

京子　私がいやなのは敬称以上に、一般参賀のガラスの向こう側で、お手振りしている小室さんのいることを想像すると目眩《めまい》がするのよ。もしそうなったら一般参賀には一生行かないことは確かよ。

櫻子　いつも一緒に一般参賀にいっている京子が行かないのであれば、私も行かないってことよ。

京子　**お手振りの小室さんを見たいですか？　と国民に聞いてみたい。**

櫻子　そうそう。ところで、以前京子に紹介した同僚の麻由子覚えてる？彼女の家でお母さんが「麻由子にご縁がなく一人でも、小室さんのような方と結婚しなくてつくづく良かったと思うのよ。櫻子さんも焦らないでくださいね。あの方のこれまでとってきた行動もそうだし、**家庭環境もお父さんと祖父母が自殺していたり、お母さんが両陛下に面会を要求したり、皇室でなくても普通のご家庭でも結婚に猛反対すると思いますのよ**」と、淡々とおっしゃったのには驚いたわ。

京子　普通の日本人なら女王でなく内廷皇族の内親王と結婚なんて考えられないでしょう。私の友人には江戸時代からの資産家で、ひ孫の代まで仕事に就かなくても暮らせる名家の子がいるけど、そのお母さんが、もし息子が内親王殿下とお付き合いをしていると聞いたら、「あなたなにを考えているの……」と一喝して、聞き入れないときは勘当しますとさらっとおっしゃるの。だから旧家でさえもそうなのかと納得したのよ。

櫻子　普通に日本の家庭で育った感覚からしたら小室さんの行動は異質でなく異常よ。

京子　国会議員とか小林よしのりさんたちは、「70年以上民間人」だと皇族の皇籍復帰を現実的でないと否定する一方で、**女性宮家が設立さ**

櫻子　**れて眞子さまと小室さんが御結婚されたら、その瞬間に小室さんは皇族として認められてしまう矛盾を一体どう考えているのかしら？**

これまで126代、2600年以上「神武天皇から引き継がれてきたY染色体」の歴史が、仮に小室さんの子どもが天皇になられたら、その**天皇の「Y染色体」は、神武天皇から「小室さんのY染色体」に替わると思うとギョッとするわね。**

京子　それはそうじゃない、「神武天皇のY染色体」から「小室さんのY染色体」に替わってもいいなんて思っている日本人などいないわよ。

櫻子　ここでひとつ大きな疑問がでてくるんだけど、宮中三殿の「皇霊殿」には歴代の天皇が祀られているわよね。明治11年以降は皇妃や皇族も合祀されるようになったけど、これまでは皇族や華族などで、江戸時代まで遡れる方々だけだったけど、これからは怪しげな人物も合祀される可能性もあり「皇霊殿」の意味合いが変わることなど認められないのよ。

京子　それって凄い説得力があるわよ。

櫻子　昭和天皇はＧＨＱに11宮家が皇籍を剝奪されたとき、菊栄親睦会をお創りになり、お別れのとき加藤進宮内府次長を通じて**「万が一にも皇位を継ぐべきときが来るかもしれないとの御自覚の下で身をお慎しみになっていただきたい」**と語られ、**その後も旧皇族の方々と、新年の祝賀や天皇誕生日、定期的な昼食会や皇族の慶事など密接な交流を維持**されているのよ。だから**旧皇族も皇室と同じように生活**されていらっしゃるのよ」

京子　その旧皇族たちのことは、**三笠宮寬仁《ともひと》親王殿下**が平成18年2月号『文藝春秋』の対談でも次のように語っているわ。**「やはり血統を守るための血のスペアとして我々は存在していることに価値があると思います」**とか「みなさんが意外とご存知ないのは、**我々現職の皇族と旧宮家の方々はすごく近しく付き合ってきた**ことです。それは先帝様のご親戚の集まりである**菊栄親睦会**をベースとして、たとえばゴルフ好きが集まって会を作ったりしています。また、お正月や天皇誕生日には、**皇族と旧皇族が全員、皇居に集まって両陛下に拝**

賀というご挨拶をします。最初に我々皇族がお辞儀をして、その後、旧皇族の方々が順番にご挨拶をしていく。ですから、我々にはまったく**違和感などありません**」と。無知な国会議員や小林よしのりさんの妄想をことごとく論破されているのよ。

京子　それは菊栄親睦会の宮内庁蔵版写真を見ると、国会議員と小林よしのりさんたちの〝**嘘**〟が一目瞭然になるわ。

櫻子　このような「**動かぬ証拠**」があるにもかかわらず『どこの馬の骨』と発言していた小林よしのりさんは知らなかったで済まされないわね。

京子　小林さんは、Y染色体上の性決定遺伝子のSRY遺伝子を持ちだし「オス・メスを決定する要因は、単純に〔Y染色体〕とは言えないものだった！」とマウスの研究を引用して、わかったような解説を書いているけど、DNA核内に存在する物質ヒストンの化学修飾による変化の稀《まれ》な事例を持ちだしていても、**あくまで男子を決定づける基本はY（XY）染色体でいいのよ。**

京子　日本の論壇って甘いのね。「動かぬ証拠」を突き付けられなければ、ずーっと嘘で国民を騙《だま》し続けているじゃない。国民はこの菊栄親睦会の写真をじっくり見れば、旧皇族11宮家の方々が現在も皇室の親戚として親しく交流され、GHQに皇籍を剝奪された後も、現皇族と分け隔てなく交流されていらっしゃったことがひと目でわかるでしょう。特に集合写真を見ると、香淳皇后陛下を中心に昭和天皇のご家族が、国民と同じように親戚付き合いをされていたことが一目瞭然になりますね。

菊栄親睦会（昭和47年5日28日、宮内庁講堂）

昭和22年10月、GHQに11宮家が皇籍を剝奪されたとき、天皇陛下の意向で創設されたのが「菊栄親睦会」だったのです。昭和天皇は、皇籍剝奪に反対しても「泣く子も黙るGHQ」と怖れられていたマッカーサーGHQ総司令官に逆らうことなど、誰もできない絶対権力者だったのであり、マッカッサー憲法も皇籍剝奪もGHQの意のままに進めていました。現在、我が国は、主権回復してから60年以上経っているにもかかわらず、反日国会議員や反日マスコミは、いまだにGHQの意向に沿って、「旧宮家」の皇籍復帰をヒステリックに反対しています。

菊栄親睦会（昭和47年5日28日、宮内庁講堂）

旧宮家と現皇族は、分け隔てなく懇親なさっているのが一目瞭然ですが、小林よしのり氏は、これらの写真を見てもまだ「どこの馬の骨だ!」（「SAPIO」2010年6月9日号61頁）と揶揄するのでしょうか。皇室の伝統は、遺伝子だけでなく日常生活の中で躾られている旧宮家の方々の中には、明治天皇のお孫さんの東久邇宮盛厚王殿下と昭和天皇の長女の照宮成子内親王殿下の間には、3名の男系男子が誕生されており、当然、その三方は今上天皇の従兄弟になりますが、天皇の血はどちらが濃く受け継がれているのか、簡単な算数で理解できるでしょう。その三方の男子のお子さまが5名いらっしゃいますが、その5名の方たちは愛子内親王と悠仁親王の又従兄弟に当たります。そして、その5名の下の世代に4名の男子がすでに誕生されております。この東久邇家の男系男子は、昭和天皇も期待されていたように完璧な「防壁の『藩屏』」として、誰も反対できない素晴らしい血統なのです。

菊栄親睦会（昭和47年5日28日、宮内庁講堂）

2006年、悠仁親王が誕生され「皇室典範に関する有識者会議」の報告書を完全になきものにするため、私は、愛国国会議員と秘密裏に「男系男子」を安定的に維持できる対策を考えていました。「養子を認める」とか「現王女と旧宮家の男性との結婚」など、ありとあらゆる方策を話し合っていましたが、そのときには東久邇家に愛子内親王と又従兄弟の男子が5名もいらっしゃることを把握しておりませんでした。実際、「皇室安泰家系図」をご覧いただけたら一目瞭然ですが、東久邇家が皇族のままであったなら、誰も「男系男子」の皇位が断絶することなど心配する必要がなかったのであり、そうであるなら東久邇家から2家族くらい皇籍復帰していただければ議論をする余地などなくなります。

菊栄親睦会（昭和47年5日28日、宮内庁講堂）

小林よしのり氏は、「旧宮家系の子孫男子も復帰できる者がいるならさっさと紹介して記者会見しろ!」（「SAPIO」2010年6月9日号）と息巻いています。このような下品で口汚い物言いに反応する良識ある日本人は誰もいらっしゃらないのであり、我が国は法治国家ですので、万が一のため、まず法律を整備し「2600年以上の伝統的皇位の安定継承を維持するため、皇室会議において、旧宮家の男系男子の中から推薦することを可とする」との一文を特措法で法案化することを先に行う必要があります。小林よしのり氏のような下品な文言が飛び交うような状況で、国民が望む「やんごとなき人物」が自ら手を挙げるわけもなく、まず最優先でやることは「法律を整備」することなのです。

香淳皇后陛下の古稀を祝う会（昭和48年3日9日、宮殿「連翠」）

この会もご覧の通り菊栄親睦会の参加者とほとんど同じで、違うのは「会」の名称くらいです。過去に現役の皇后さまが「古稀」を迎えられた例はなく香淳皇后陛下が初めてだったとのことです。私がホテルマンとして仕事をしていたとき、高松宮さまや三笠宮さまなどのプライベートのサービスを担当したり、旧宮家の方たちと現皇族の方たちの宴席のサービスも担当したこともありますが、皆さま方は同じように上品な方たちで、すぐに皇籍復帰なされても自然な方たちでした。口汚ない物言いの小林よしのり氏は、現皇族の方や旧宮家の方と直接会話を交わされたことはないようですが、皇位継承問題を語る必要はありません。

香淳皇后陛下の古稀を祝う会（昭和48年3月9日、宮殿「連翠」）

繰り返しますが皇位継承問題は、まず「法律の整備」を最優先にして、静謐な環境で話し合われれば、すんなり解決できるのであり、品性下劣なマスコミがおもしろおかしく囃し立てる筋合いのものではありません。1にも2にもまず「法律を整備」して、「防壁の『藩屏』」に相応しいお方を皇室会議で推薦できれば、それで終わります。まして今上天皇より「天皇の血を濃く受け継がれていらっしゃる男系男子」のお方がいらっしゃるのであり、その方たちに5名の男系男子がいらっしゃり、その下の世代にもすでに4名の男系男子が誕生されており、これらの重要な情報を封印していた宮内庁の罪は万死に値します。

香淳皇后陛下の古稀を祝う会（昭和48年3日9日、宮殿「連翠」）

我々国民は、昭和天皇に改めて深甚の感謝を捧げなくてはいけないと思っております。それは戦争の時代、敗戦後の危機的状況を東久邇宮稔彦王殿下に首相を務めていただき乗り越えられ、GHQに皇籍剝奪された宮家を実質的に繋ぎとめる「菊栄親睦会」を創設されたことで、皇籍剝奪を実質的に骨抜きにして、戦前と同じように現皇族と旧皇族がなんら分け隔てなく存在できるようにされた「菊栄親睦会」は、崩御されても日本を護ってくださっていたのだと確信しております。皇統に危機が訪れたときには、「菊栄親睦会」から皇位を繋げるようにされた昭和天皇の「遺言」として、「皇統の繁栄」を望まれたのが「菊栄親睦会」だったのです。

香淳皇后陛下の古稀を祝う会（昭和48年3日9日、宮殿「連翠」）

これら一連の写真をご覧になられた皆さま方も、昭和天皇がなぜ、「菊栄親睦会」を創設されたのか、その意味を理解できたことでしょう。実際、GHQに11宮家の皇籍が剝奪されても実質的に無力化して、旧宮家とは戦前と変わらない親密な交流を継続されていたのであり、香淳皇后さまの笑みは、皇后さまのお孫さんが東久邇家にも5名（男子3名）おり、万が一でも皇室は安泰との認識が満面笑みとなって表れているように見えるのは小生だけであろうか。

皇室と旧皇族の親密集合写真（「彦睍会」昭和34年）

この写真中央に香淳皇后陛下がお座りになって、向かって左に明仁皇太子、皇后陛下の右に美智子妃、その右に常陸宮さま、またその右に東久邇聡子さま（東久邇稔彦夫人）、聡子さまの真後ろの白い洋服の左胸にブローチを着けているのが東久邇成子さま（昭和天皇香淳皇后陛下の長女）、3列目左から2人目が、平成31年3月20日に逝去された東久邇信彦さま、一人おいて東久邇文子さま、最後列3人目が東久邇盛厚さまです。香淳皇后陛下の笑顔に、いつも癒されますが、この写真の笑顔も印象的です。東久邇家に注目する理由は、昭和時代の皇室の親戚の中でも東久邇家は特別の血縁の近さがあるからなのです。今上天皇と東久邇信彦・秀彦・眞彦・文子・優子さまは従兄弟の関係ですが、それは、信彦さまの父上の東久邇宮盛厚王殿下に昭和天皇香淳皇后の長女の照宮成子内親王殿下が嫁がれていたことと、盛厚王殿下の母上が明治天皇の皇女聡子内親王殿下だったことにつけ加えて、照宮さまのご主人の盛厚王殿下は、香淳皇后陛下の従兄弟だったからなのです。

第12話：令和の大嘗祭を前に思い巡らすこと…！

京子　そろそろ**大嘗祭**が行われるけど気分はどう。

櫻子　今は令和の準備期間のようなときでしょうけど、ひとつ気になることがあるのよ。

京子　それって皇室のこと……。

櫻子　そぉ～。4月末までに天皇が退位するうえでの「親謁の儀」として、伊勢神宮、神武天皇陵と昭和天皇陵を行幸啓され、「親謁の儀」は滞りなく終了しましたとのニュース覚えている？

京子　覚えているわ！　気になったのは**上皇になられてから、6月6日に「親謁の儀」を補うように、明治天皇京都伏見桃山陵と孝明天皇山陵を「参拝」され、その後、大正天皇山陵を「参拝」されたでしょう。ところが、新天皇は上皇が追加された3か所を「親拝」されて**

京都御所での紫宸殿大前の儀を想定した絵図
(「アサヒグラフ」臨時増刊［大礼記念博覧会号］昭和3〈1928〉年4月18日号)

昭和天皇が即位したときの一連の儀式を事前に模型で公にしていました。

大嘗祭模型（「アサヒグラフ」昭和3〈1928〉年11月7日号）

昭和天皇まで大嘗祭は京都で行われていました。

ないようなのよ！

櫻子　この度の退位は、**異例の生前退位だったから退位即位は一体かと思っていたので不可解**よね。

京子　そのとき上皇のお車にヒラヒラとはためいていたのは「紅に菊」の「天皇旗」ではなく、**「赤紫に菊」の「上皇旗」**らしいのよ！

櫻子　お坊さまの格でいうと、紅より赤紫色のほうが格上なので私も気になったのよ。それから繰り返すけど、本来、退位と即位が一体化して行われたと思っていたらそうじゃなかったのでビックリよ。「なにか起きなければいいけど」と思っているのよ！

京子　「親謁の儀」なんて気にしてなかったけど、櫻子詳しいわね！

櫻子　詳しいんじゃなくて、一連の儀式が伝統に添っているのか『ひと目でわかる」戦前の昭和天皇と皇室」の真実』を、新聞と比較すると簡略化したことが一目瞭然なのよ。

京子　なるほど、『ひと目シリーズ』は、歴史関連のニュースをチェックするのに使えて便利よね。最近の異常気象に地震に事件・事故、そして浅間山の噴火でしょう！

櫻子 災害は平成だけでもう十分よ！

京子 最近、週刊新潮は保守を返上したと思っていたら、久しぶりに興味深い記事が載っていたわよ

櫻子 その記事ってお盆の合併号でしょ。「宮内庁関係者は、**『そもそも女性宮家の創設自体も、他ならぬ上皇陛下と上皇后さまの強いご意向でした。そのお考えにもとづき、すでに皇室内では〝範囲は内親王（愛子さま、眞子さま、佳子さま）までとする〟といったコンセンサスも得られていたのですが、……』**」と記されていてビックリしたら、そのあとがもっと酷いじゃない。

京子 そうそう**天皇の政治的発言は禁じられており、それが事実なら、上皇上皇后は重大な憲法違反を犯している**ことになってしまうわよね。

櫻子 国民のほとんどは、平成の天皇が即位後の朝見の儀で**「皆さんとともに日本国憲法を守り、これに従って責務を果たすことを誓い、国運の一層の進展と世界の平和、人類福祉の増進を切に希望してやみ**

ません」とのお言葉を記憶されているので、自ら憲法違反をして「国のかたち」を変えるなんて信じられないんじゃないかしら?

京子 その記事には「**愛子さまを天皇に、という上皇陛下のお気持ちを、上皇后さまがともにされているのは疑うべくもありません**」（同前）とあるけど、この宮内庁関係者の証言が事実なら大変なことで、平成時代を通して維持されてきた憲法擁護の発言はなんだったのかしら。

櫻子 だから気分が最悪なのよ。私が皇室を大事にしている根本は**2600年以上、神武天皇から連綿と継承されてきた皇統であり、その時々の天皇の直系家族だけで皇室を維持する考えはなかった**でしょう。天皇の直系ファミリーで女性宮家まで創設して皇室を維持しようなんて、これまでの皇統を変えることを意図しているようにしか思えないのよ！

京子 それはそうね。皇室は一家族で皇統を維持してきたわけではないので、万が一**天皇のおことばがあったとしても「陛下、それは皇室の**

櫻子　**伝統に齟齬《そご》をきたします」と諫言《かんげん》できる側近がいらっしゃらないのが問題**なのよ。

京子　やはり**今上天皇の従兄弟とか悠仁親王の又従兄弟がいらっしゃる**ことを国民に知ってもらうことが、今一番必要なことよね！

櫻子　そうよ。**皇室報道は関心が高いけど皇統をどうしたら守れるのか。それに無関心なのが国家の危機**なのよ。

京子　私は、おばあちゃんが良子さま（香淳皇后）のスクラップブックをつくっていて、小学生のときからいつも見て皇室ファンになったのよ！

櫻子　それって沈黙の躾だったみたいね！

京子　良子さまの若いときの可愛らしい写真とか、昭和天皇と皇后さまに可愛がられていらっしゃった照宮さまを見ていて、香淳皇后さまと照宮さまのファンになったのは確かね。

櫻子　櫻子に見せてもらった香淳皇后さまの独身のときの佇《たたず》まいとか、とびきっりの笑顔の写真が忘れられないわ。

昭和天皇皇后両陛下の御家族（昭和16〈1941〉年12月7日撮影）

この写真は照宮成子内親王殿下（左端）16歳の誕生日の翌日の写真ですが、奇しくもこの翌日が、日米開戦の日ですので緊迫したときの貴重な1枚です。照宮さまの隣が明仁上皇陛下。

昭和天皇皇后両陛下と照宮成子内親王、孝宮和子内親王

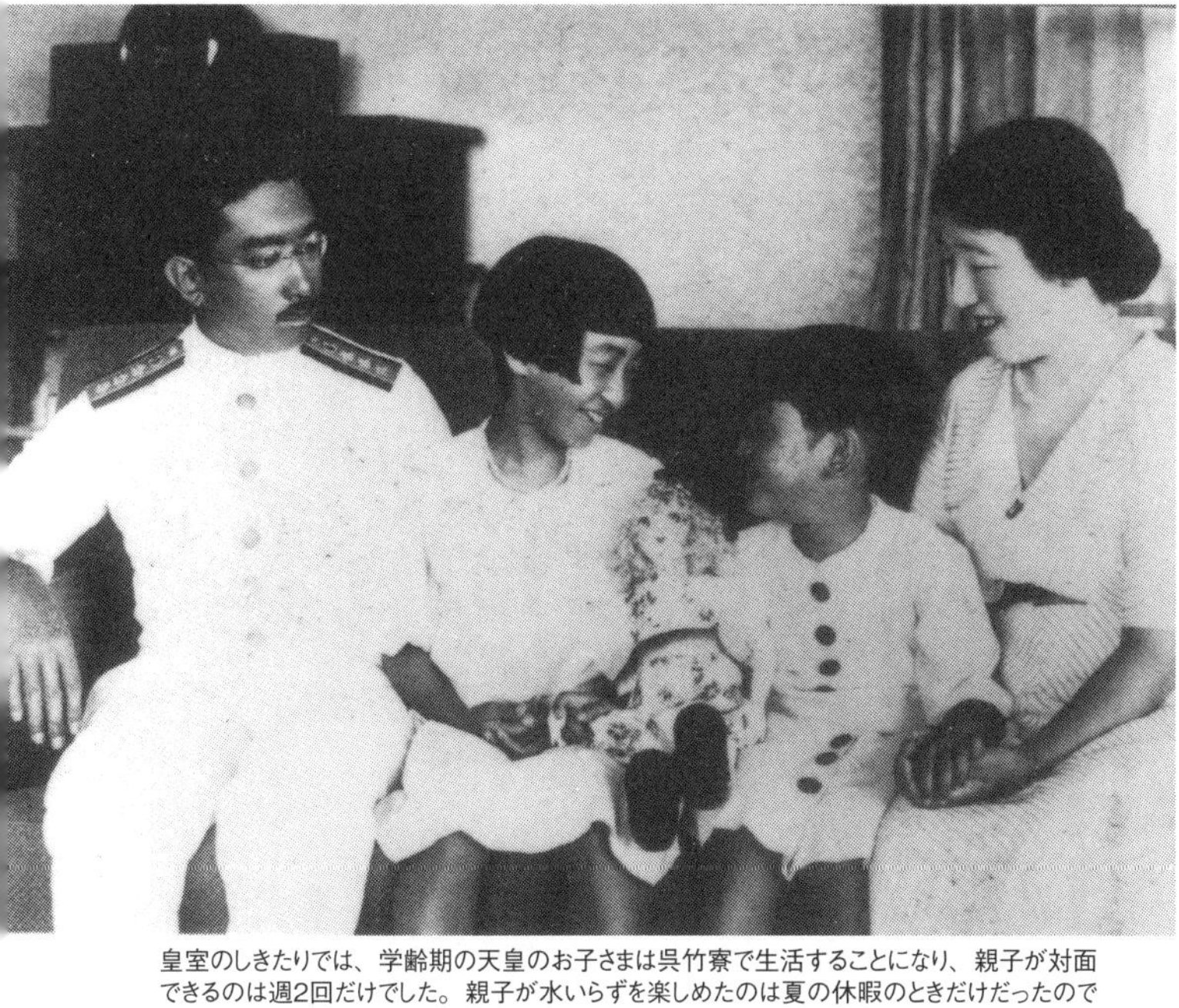

皇室のしきたりでは、学齢期の天皇のお子さまは呉竹寮で生活することになり、親子が対面できるのは週2回だけでした。親子が水いらずを楽しめたのは夏の休暇のときだけだったのです。この写真は、葉山御用邸での1枚。左から昭和天皇、照宮成子内親王、孝宮和子内親王、香淳皇后。

ご旅行先の久邇宮良子女王殿下：信州野尻湖琵琶島にて

（「アサヒグラフ」大正13年〈1924〉年1月23日号）

この写真は御成婚直前の1枚です。

久邇宮良子女王殿下（大正12〈1923〉年5月）

皇太子との御成婚を前にして、関西地方へ御家族と1か月間旅行をされた久邇宮良子女王殿下。奈良公園にて。

櫻子　たしかに皇室オタクはおばあちゃんの影響なんだけど、スクラップブックを見て躾られたことがたくさんあるので感謝しているのよ。

京子　照宮さまは小学生のときに靖国神社を参拝されてるでしょう。陛下の参拝がなされなくて久しいけど、愛子さまや眞子さまにもそのお姿を見てもらいたいわね。

櫻子　昭和天皇も照宮さまを頼りにしていたと、おばあちゃんから聞いて感動したことがあるのよ。
照宮さまは、3月10日の「東京大空襲」のとき、今年の3月20日に逝去された御長男の信彦さまを防空壕で御出産され、5月25日には、山の手全域の空襲で皇居もほとんど全焼したさいに、東久邇家も全焼して、照宮さまは伊香保に疎開なさっていたそうなのよ！

京子　終戦のときは伊香保にいらっしゃったのね！

櫻子　そのあとの**照宮さまの行動**に心が打たれるのよ。**家族が玉音放送を聞いて打ちひしがれていたとき「さあ、これからですよ」と家族をなぐさめられ、昭和天皇と「今生の別れになることを覚悟」されて、**

京子　**上京された**と聞かされときは涙が止まらなかったわ。照宮さまは佇まいだけでなく精神も日本女性の鏡のようなお方だったのね！

櫻子　**昭和天皇は、それまでの慣習を除外されて照宮さまのお葬式に参列**したそうなのよ。

京子　昭和天皇にとって照宮さまは特別だったってことなのね！

櫻子　そうなの！　**昭和天皇は1980年に「照宮は本当におおらかな人で私の話し相手としておもしろくあった。……若くして亡くなったということを大変残念に思っています」と、異例のお言葉を遺され**ていらっしゃるのよ。

京子　**昭和天皇がたよりにされていた照宮さまのお子さまたちならしっかり躾られていらっしゃるでしょうし、その子孫の方々に、これから即位なさる悠仁天皇の「藩屏」になっていただければ皇室は安泰になる**じゃない。

櫻子　そうでしょう。東久邇家の家系を隠していた宮内庁は**国民を裏切っ**

ていたことになるわね。

京子　話は変わるけど、昨年（2018年9月）トルコを訪問された三笠宮彬子女王が、トルコの初代大統領アタチュルク廟に献花、深々と拝礼された姿を見たトルコ国民が、その凛とした姿に「なんて素敵で、なんと気高いプリンセスなのだろう。素晴らしい！」とか「献花するだけの人が多い中、あそこまで深々とお辞儀をする方を見たのは初めてだ」とトルコで大絶賛されていても、日本のマスコミは完全に無視しているでしょう。

京子　現在、靖国神社の大祭に参拝されていらっしゃる皇族は、三笠宮彬《あき》子《こ》女王と三笠宮瑶《よう》子《こ》女王のお二人だけのようよ！

櫻子　彬子女王のトルコ訪問は、今回で7回目なのに、三笠宮家3代の親密なトルコとの交流は国民に一切知らされてないでしょう。

京子　三笠宮彬子女王と瑶子女王に、このまま皇室に残っていただけないかしら？

櫻子　それなら養子を受け入れれば、そんなに難しくないのよ！

トルコ初代大統領アタチュルク廟を訪れた三笠宮彬子女王

2018年9月10日、アタチュルク初代大統領廟に献花、深々と拝礼をする三笠宮彬子女王殿下。

京子 でも皇室典範の第9条に「養子の禁止」となっているでしょう。

櫻子 たしかに「天皇及び皇族は、養子をすることはできない」と、GHQ文書の直訳なのか、おかしな日本語で書かれているけど、そこが盲点で、単に「養子」としか書かれてないので、**特措法で「現皇族に旧皇族からの『男系男子の養子』に限り可とする」との法律をつくれば、**彬子女王も瑶子女王も皇室にそのまま残っていただけるでしょう。

京子 そうよね！ 彬子女王は三笠宮家の当主として養子を受け入れるだけですものね。常陸宮家にも旧皇族から養子を受け入れることが可能になれば、全然問題がなくなるわね。

櫻子 それも急がなくては現実的ではなくなってしまうでしょうね。今、昭和天皇のお孫さんとか曾孫さんとか旧皇族にいらっしゃるときに実現できなければ、国民の賛同を得るのが難しくなると思うのよ。

京子 それには櫻子が大好きな照宮さまのお子さまやお孫さん以外にも、旧皇族に男系男子の方がたくさんいらっしゃるじゃない。

櫻子　旧皇族11宮家が神武天皇から受け継がれてきた「Y染色体」が同じであれば、「Y染色体」以外の遺伝子の「血統」が重要になるでしょう。そこで最優先されるのが東久邇家なのよ。照宮さまの旦那さまの東久邇宮盛厚王殿下は明治天皇のお孫さんなのは知っているでしょう。驚くかも知れないけど実は、**香淳皇后陛下の従兄弟**だったのよ。

京子　えぇ〜。それじゃ照宮さまはお母さまの従兄弟の方と結婚されていらっしゃったってことになるじゃない！

櫻子　これは推測だけど、**昭和天皇皇后両陛下は、万が一皇統に危機が訪れたときのため、皇室の安泰を照宮さまに託された**のではないかしら。

京子　驚くほど血統が近い親族が今上天皇にいらっしゃるってことになるじゃない。

櫻子　**今上天皇の従兄弟は、単に昭和天皇のお孫さんとしてではなく、明治天皇の曾孫でもあり、また香淳皇后陛下の従兄弟のお子さまでも**

あるのよ。この事実を国民が知ったらすぐに皇籍に復帰させてください となるでしょうね。

京子　これでスッキリわかったわ。２０１9年3月20日参議院財政金融委員会で大塚耕平議員が「成子内親王（昭和天皇の長女）と東久邇宮盛厚（明治天皇の孫）さまの系譜に男子がずいぶんいらっしゃるという認識は正しいでしょうか」と質問したら、野村善史審議官が「昭和22年に皇籍離脱された方々の段階につきましては承知していますが、その子孫の方々につきましては具体的には承知しておりません」と、歯切れの悪い答弁をしていたのは、**上皇上皇后両陛下の意向に配慮した答弁**だったのかしら？

櫻子　それが事実なら昭和34年に正田美智子さまが皇太子妃候補になったときのことを覚えている国民は、ビックリするわよ！

京子　それはどういうこと？

櫻子　**正田美智子さまが皇太子妃に決まったとき、良子さまも常磐会（学習院女子中・高の同窓会）も旧皇族も、皆さんが大反対していたこ**

とは、入江相政日記に詳しく記載されているのよ。

京子　そうなの！

櫻子　その大反対を収められたのは照宮さまが「**美智子さまは、お利口で気丈な方らしいから、皇室にお入りになっても大丈夫だと思うわ。アタマの悪い人や弱気な人だと、本人も周りも困るでしょうが、美智子さまはその点心配はなさそうね。……**」（酒井美意子著『元華族たちの戦後史』）と、**照宮さまが唯一、美智子さんを擁護**したことは有名なのよ。

京子　**それなら照宮さまは美智子さまの大恩人じゃない！**

櫻子　照宮さまのことを思うと、おばあちゃんやお母さんに聞かされたことが甦ってきて涙が出てくるのよ。

京子　私もおばあちゃんから照宮さまは立派だったのよって聞かされたわよ。

櫻子　そうでしょ。**照宮さまが逝去されたとき、青山斎場には7000人が弔問に訪れ、墓碑銘には「享年三十五　内外皆その徳を慕う」と**

刻まれているのよ。心の支えを喪われた昭和天皇皇后両陛下は那須の御用邸で静養に入られ、そこへ美智子上皇后が押し掛けたときのことを入江日記には「那須で東宮同妃から両陛下にいろいろのこの間からのことを十時すぎまで率直にお申上げになったとの事。お上はよく分かったと仰せになったが**皇后さまは終始一言もお発しにならなかった**との事」（昭和33年8月16日）なの。憔悴《しょうすい》しきっていらっしゃった両陛下を思うと信じられないことなのよ。

櫻子　美智子上皇后陛下に関して、少し違う一面を感じられている方は、京子のお父さんとか故郷に結構いるでしょう。

京子　私の父は、**美智子上皇后が皇太子妃になられたときの記者会見で「開かれた皇室」って発言された**とき違和感を感じたといっていたのよ。

櫻子　「聞かれた皇室」といえば、さっきの週刊新潮の記事を読んでいて、もしかしてって思うことがあったの。

京子　どういうこと？

ドイツ誌でも明仁皇太子同妃殿下の特集

昭和34（1959）年4月10日の明仁皇太子殿下の御成婚は、ドイツでも注目され美智子皇太子妃殿下を表紙に掲載していました。

櫻子　**美智子上皇后がおっしゃられていた「開かれた皇室」とは、万世一系の皇統から「女性宮家・女系天皇」を認めるってことじゃないかって。**過去、天皇のお父さんを遡ると、必ず神武天皇にたどり着いてきたことを、神武天皇とまったく無関係の小室さんの息子さんやお嬢さんでも天皇になれることを「開かれた皇室」と、述べられていたことになるんじゃない？　考えすぎかもしれないけど。

京子　でも、そう分析するとスッキリわかるわね。「神武天皇のY染色体」が「小室さんのY染色体」に入れ替わるなんて絶対認めないわよ。

櫻子　そうでしょ。いくらマスコミや宮内庁が隠していても、ここまで明らかになったら、もう隠しようがないでしょう。

京子　それには、**誰々さまを皇籍復帰ではなく、まず先に「旧皇族の『男系男子』を皇室会議の推薦により皇籍復帰を可とする」との特措法を最優先で可決しなくてはいけないでしょう。**

櫻子　実際、**「私が皇籍復帰してもいい」と、法律ができる前に手を挙げるような方は、日本人の心情として受け入れられないでしょうから、**

京子　**まず先に法律**なのよ！

櫻子　国会議員の中には、皇統の断絶を望んでいる怪しい者もいるので、全会一致でなくても急いで法律を可決するべきなのよ。

京子　やはり昭和天皇皇后両陛下が万が一のことを考えられて、東久邇宮家に嫁がられていらっしゃった照宮成子内親王さまの人となりを国民がわかれば、お子さまやお孫さまの中から皇籍復帰を望む声が全国から巻きおこると思っているのよ。

櫻子　それには、お母さんから聞いていた照宮さまの映像を観てみたいわね。

京子　その映像って、宮中のカルタ会を中座してＮＨＫに出演されたときのものでしょう。私もおばあちゃんから聞いたことがあるわ。

櫻子　ＮＨＫは今「女性宮家・女系天皇」を推進しているので、再放送を期待できないけど、**ＮＨＫアーカイブスで「1952年1月2日、東久邇成子さま」を検索すると観られるはずよ！**

京子　ＮＨＫがその映像を隠していたら、知り合いの国会議員にたのんで

京子　総務委員会で問い質してもらうから大丈夫よね！

　　　これで旧皇族の皇籍復帰と現宮家に旧皇族の「男系男子」の養子を受け入れることも可能になれば、皇統は守られ、皇室は永遠に安泰よね！

櫻子　それには、国民の声が全国から巻きおこらなくては実現しないので、良識ある国民には、よりいっそう努力してもらわなくてはね！

京子　少し早いけど皇室の安泰を祈念して乾杯!!

第２章

皇室関連資料編

愛子天皇＝女性天皇の何が問題か

こんなに危険な女性宮家

——政府は、安定的な皇位継承を確保するための諸課題、女性宮家の創設などについて、（中略）本法施行後速やかに、皇族方の御事情等を踏まえ、全体として整合性が取れるよう検討を行い、その結果を、速やかに国会に報告すること（天皇の退位等に関する皇室典範特例法案に対する付帯決議より）——

四月三十日、皇室典範特例法が施行され、平成の時代が幕を閉じました。翌日、菅義偉官房長官は記者会見で「男系継承が古来、例外なく維持されてきた重みなどを踏まえ慎重に検討を行う必要がある」と保守派への配慮を滲ませながら、衆参両院の委員会で可決された付帯決議の趣旨を尊重したい」と明言しました。早速、新聞・テレビをはじめとするメディアは女性宮家について論じ始めています。

女性宮家が創設されると、どのような事態を招いてしまうのか。二〇〇四年、小泉純一郎政権下で設置された「皇室典範に関する有識者会議」の報告書が参考になります。その内容は以下の通りです。

・女性天皇及び女系天皇を容認する。
・皇位継承順位は、男女を問わず第一子（愛子内親王）を優先する。
・女性天皇及び女性の皇族の配偶者も皇族とし女性宮家の設立を認める。
・永世皇族制を維持する。
・女性天皇の配偶者の敬称は「陛下」とする。

いま週刊誌を賑わせている小室圭氏を例にとると、女性宮家、そしてその先に待っている女系天皇の誕生がいかに危険かがわかります。

眞子さまが小室氏と御結婚されるようなことになれば、小室氏は皇族の一員となります。つまり、小室氏が一般参賀で国民に手を振る光景がみられるかもしれません。そして眞子さまが女性天皇になられる場合、小室氏は「陛下」と呼ばれ、その子供が将来の天皇になる可能性もゼロではないのです。

女性宮家が実現すれば、女系天皇を求める勢力の声が大きくなり、やがて雪崩を打って容認されることになるでしょう。女系天皇が誕生すれば、百二十六代、二千六百年以上にわたって連綿と継承されてきた男系による皇統は断絶し、国家としての根幹が揺らぐことになります。女性宮家創設によって、いよいよ日本が日本でなくなってしまうのです。

報じられない天皇陛下の従兄弟

では、男系の皇位継承を守るために何をすべきか。それは、上皇陛下が「退位」なさったときの前例を踏襲し、特例法（特措法）で「旧皇族の皇籍復帰を可とする」と記すことにほかなりません。

私はかねてより昭和天皇と香淳皇后、その家族について研究しています。その成果をまとめたのが、『ひと目でわかる「戦前の昭和天皇と皇室」の真実』（PHP研究所）です。

『アサヒグラフ』をはじめ、戦前から発行されている雑誌などを資料に研究を進めるなかで、ある事実にたどり着きました。それは、戦後GHQによって皇籍を剝奪された旧皇族十一宮家のうち、七宮家十家族に「男系男子」がおり、旧宮家の東久邇家に、今上天皇より濃い「天皇の血」を受け継いだ方が三人もいらっしゃるということです。上皇陛下の姉である照宮さま（成子内親王）は、皇族の東久邇宮盛厚王（明治天皇の孫）に嫁ぎ、信彦（昭和二十年生、平成三十一年三月二十日没）、秀彦（昭和二十四年生）、眞彦（昭和二十八年生）と三人の男子が誕生します。今上陛下、皇嗣殿下の従兄弟にあたる三名の祖母は明治天皇の聡子内親王のため、より濃い「天皇の血」を受け継いでいるといえるでしょう。さらに、それぞれ一人、二人、二人と合わせて五人も男子のお子さんに恵まれており、彼らは悠仁親王殿下の又従兄弟にあたります（8ページを参照）。

また現在、旧皇族より皇位継承順位の高い皇別摂家の子孫が五十一名もいらっしゃることもわかっています。「皇別摂家」とは、五摂家のうち江戸時代に皇族が養子に入って相続した後の三家（近衛家・一条家・鷹司家）およびその男系子孫のことで、摂家を相続した皇族は三方です。

・近衛信尋：第百七代後陽成天皇（在位一五八六～一六一一年）の第四皇子。近衛家を相続。

・一条昭良：第百七代後陽成天皇の第九皇子。一条家を相続。

・鷹司輔平：第百十三代東山天皇（在位一六八七〜一七〇九年）の第六皇子である閑院宮直仁親王の第四皇子。鷹司家を相続。

旧宮家と「皇別摂家」、そして現在の皇族を合わせれば、百二十名もの男系男子がいらっしゃることになります。

悠仁さまへのテロ未遂事件が示すもの

四月二十六日、悠仁さまが通われているお茶の水女子大附属中学校で、悠仁さまの机に刃物が置かれている事件が起こりました。三日後に逮捕された犯人は、悠仁さまを「刺すつもりだった」と供述し、皇室への不満を漏らしているといいます。学校に設置されていた防犯カメラの配線が切断されていたことや、悠仁さまの教室と机を特定しわずか二十分で実行していたことを考えると、単独犯ではなく組織犯罪の可能性も否定できません。いずれにせよ、悠仁さまの身に危険が生じれば、二千六百年にわたって続いてきた日本の皇統が途絶えてしまう。まさに累卵の危うきにある皇統を守るために、百二十人の男系男子を常にリストアップし、万が一に備えておくことが必要です。

旧宮家の皇籍復帰については、様々な懸念が表明されています。例えば女系論者の小林よしのり氏は、世俗に染まった旧宮家出身者を国民は受け入れないと指摘しています。しかし、その批判は当たりません。

一九七〇年代、私はホテルマンとして働いていました。その際、プライベートで訪れた三笠宮や高松宮や旧皇族の方々にサービスさせていただきましたが、その品格や振る舞いは我々一般人とは全く異なります。皇室の歴史を知る機会さえあれば、国民の大半は歓迎するでしょう。

我が国が百年安泰になる方策は、東久邇家の子孫の方々に皇統を守るための防壁として「皇室の藩屛」になっていただくことなのです。

宮内庁が知らないはずはない

三月、私は東久邇家の男系男子について、国民民主党代表代行の大塚耕平参議院議員に伝えました。三月二十日、それを受け、大塚議員は財政金融委員会で、宮内庁の野村善史審議官に以下の質問をしました。

「成子内親王（昭和天皇の長女）と東久邇宮盛厚（明治天皇の孫）様の系譜に男子が

ずいぶんいらっしゃるという認識は正しいでしょうか」

すると、野村審議官から驚くべき答えが返ってきたのです。

「昭和二十二年に皇籍離脱された方々の段階につきましては承知していますが、その子孫の方々につきましては具体的には承知しておりません」

本当に知らなければ国賊というほかないですが、もちろん宮内庁が知らないはずはありません。昭和二十二年、昭和天皇の弟である秩父宮、高松宮、三笠宮を除く十一宮家がＧＨＱによって皇籍を剝奪された際、昭和天皇によって「菊栄親睦会」がつくられました。そこでは新年の祝賀や天皇誕生日をはじめ、定期的な昼食会が開催されています。

菊栄親睦会の中心メンバーといえる東久邇宮家について、宮内庁が把握していないはずがありません。つまり、宮内庁もしくは皇室に、東久邇宮の家系図情報を〝封印〟したい勢力が暗躍しているとしか考えられません。

小泉政権下で女性宮家創設へ向けた議論がなされた際も、政治家と官僚は旧皇族の皇籍復帰の主張に耳を塞いでいました。メディアは東久邇家の男系男子五名の存在を隠し、「愛子天皇」誕生に世論を誘導していました。

結局、平成十八年二月に紀子さまがご懐妊され、同年九月に悠仁さまが誕生されたことで女性宮家創設をめぐる法案の提出は見送られました。もし東久邇家の家系図が表に出ていれば、悠仁親王殿下の誕生のニュースがなくとも女性宮家の議論を終わらせることができたのです。

安倍政権で女系天皇が容認される可能性

このたびの譲位・即位の儀式に際し、日本列島は雨雲に覆われました。太陽神として伊勢神宮に祀られる天照大神の賛同が得られていないかのようでした。

皇祖神からの皇統を受け継いでいるのは、美智子上皇后と雅子皇后ではなく、祭祀王である天皇にほかなりません。美智子上皇后と雅子皇后が皇祖神と無関係であったからこそ、これまで皇室の大祭をたびたび「欠席」（157ページ参照）することができたともいえます。一連の退位・即位に際し、メディアは天皇と皇后を同格であるかのように扱っていました。これも、女性宮家・女系天皇への世論誘導にほかなりません。

神事である皇室の大祭を簡略化していることや皇后が欠席している現状では、天皇家の御神体が「雨降らす大神」（女系天皇）に変更される可能性すらあるでしょう。

　第二次安倍政権発足前、安倍首相は女性宮家創設に反対し、旧宮家の皇籍復帰を主張していました。しかし現段階で、安倍首相は旧皇族の皇籍復帰に否定的な考えを示しています。事実上の移民政策である入管法改正、水道法改正、アイヌ新法など「主権毀損法案」をなし崩し的に認めてきた安倍政権下で、女系天皇が容認される可能性は十分にあります。

　旧宮家の家系図を国民の多くに知ってもらい、何としても女性宮家創設＝国体破壊の謀略を阻止しなければなりません。

（「Ｗ・ｉＬＬ」２０１９年7月号「男系男子皇位継承者の存在を隠したのは誰だ！」）

平成時代は大災害の時代

■印は巨大災害死者1000人以上。●印は死者100人以上。地震はM6以上ピックアップ

◎昭和時代（戦後）と平成時代を比較すると明らかになることは、平成時代は災害が常態化した時代だった。

※不思議なのはGHQに主権を奪われていた時代に巨大災害が勃発していたことです。

【GHQ占領下（1945～1952年）】

■1945年9月17日に大きな被害をもたらした台風。死者行方不明者3756人。

■昭和南海地震：1946年12月21日に発生したM8・0の地震。死者1330人。

■カスリーン台風：1947年9月に大きな被害をもたらした台風。死者行方不明者1930人。

■福井地震：1948年6月28日に発生したM7・1の地震。死者3769人。

●アイオン台風：1948年9月16日に大きな被害をもたらした台風。死者行方不明者838人。

○1952年十勝沖地震：1952年3月4日に発生したM8・2の地震。死者28人、行方不明者5人。

【1950年代】

●昭和28年西日本水害：1953年6月25日に発生した集中豪雨。死者759人、行方不明者242人。

●南紀豪雨：1953年7月16日に発生した集中豪雨。死者713人、行方不明者411人。

■洞爺丸台風：1954年9月21日に発生した台風。九州から北海道にかけて被害をもたらした。死者数は1361人。

●諫早豪雨：１９５７年7月15日に発生した集中豪雨。死者行方不明者９９２人。

■狩野川台風：１９５８年9月27日に大きな被害をもたらした台風。海上での中心気圧８７７ｈＰａという記録を出す。死者行方不明者１２６９人。

【正田美智子さま入内：１９５９年4月10日】

■伊勢湾台風：１９５９年9月に発生した台風。紀伊半島や東海地方に多大な被害をもたらした。死者数は４６９７人。

【１９６０年代】

○昭和38年1月豪雪：１９６３年1月に発生した豪雪。世界的な異常気象で、日本国内で死者２２８人、行方不明者３人。

○１９６３年択捉島沖地震：１９６３年10月13日に発生したＭ８・３の地震。死者２人。

○新潟地震：１９６４年6月16日に発生したＭ７・５の地震。死者26人。

１９６８年日向灘地震：１９６８年4月1日に発生したＭ７・５の地震。

○１９６８年十勝沖地震：１９６８年5月16日に発生したＭ７・９の地震。死者52人。また、約10時間後にＭ７・５の余震が発生した。厳密には十勝沖ではなく、三陸沖北部の地震とされている。

○１９６９年北海道東方沖地震：１９６９年8月12日に発生したＭ７・８の地震。

【１９７０年代】

○１９７３年根室半島沖地震：１９７３年6月17日に発生したＭ７・８の地震。

●長良川大水害：１９７６年台風16号の風水害によって発生した大規模な水害。死者行方不明者１６９人。

○伊豆大島近海地震：１９７８年1月14日に発生したＭ７・０の地震。死者25人。

○1978年宮城県沖地震：1978年6月12日に発生したM7・4の地震。死者27人。

【1980年代】

●長崎豪雨：1982年7月に発生した集中豪雨。死者行方不明者345人。

●日本海中部地震：1983年5月26日に発生したM7・7の地震。秋田県を中心に大津波の被害。死者104人。

○1984年日向灘地震：1984年8月7日に発生したM7・1の地震。

○長野県西部地震：1984年9月14日に発生したM6・8の地震。死者29人。御岳山の一部が崩落した。

○千葉県東方沖地震：1987年12月17日に発生したM6・7の地震。死者2人。

◎昭和天皇陛下崩御◎【1990年代】

○雲仙普賢岳火砕流：1991年6月3日に発生。死者43人、負傷者9人。

○釧路沖地震：1993年1月15日に発生したM7・5の地震。

【小和田雅子さま入内：1993年6月9日】

●北海道南西沖地震：1993年7月12日に発生したM7・8の地震。主に奥尻島などで津波被害を受けた。津波や土砂災害により、奥尻島や北海道・青森の日本海沿岸で230人の死者・行方不明者を出した。

○1994年北海道東方沖地震：1994年10月4日に発生したM8・2の地震。死者9人。

■阪神淡路大震災：1995年1月17日に発生したM7・3の地震。最大震度は7、死者数は6433人。戦後で2番目に死者数が多い災害となった。

○平成8年（1996年）8月11日、M6・1、秋田県内陸南部、負16、住家半壊28棟、一部破損185棟など震度5。

○平成9年（1997年）3月26日、M6・6、鹿児島県薩摩地方、負37、住家全壊4棟、半壊34棟、震度5強。

○平成9年（1997年）5月13日、M6・4、鹿児島県薩摩地方、負74、住家全壊4棟、半壊31棟、震度6弱。
○平成9年（1997年）6月25日、M6・6、山口県北部、負2、住家全壊1棟、半壊2棟、震度5強。
○平成10年（1998年）9月3日、M6・2、岩手県内陸北部、負9、道路被害など震度6弱。
○平成11年（1999年）5月13日、M6・3、釧路支庁中南部、負2、非住家一部破損1棟、震度4。
○平成12年（2000年）1月28日、M7・0、根室半島南東沖、負2、震度4。
○平成12年（2000年）6月3日、M6・1、千葉県北東部〔千葉県東方沖〕、負1、住家一部破損32棟など、震度5弱。
○平成12年（2000年）6月7日、M6・2、石川県西方沖、負3、住家一部破損1棟など、震度5弱。
○平成12年（2000年）7月1日、M6・5、新島・神津島近海、死1、負15、住家全壊15棟、住家半壊20棟、一部破損174棟、震度6弱、津波7㎝。
○平成12年（2000年）7月15日、M6・3、新島・神津島近海、震度6弱、津波7㎝。
○平成12年（2000年）7月30日、M6・5、三宅島近海、震度6弱、津波14㎝。
○平成12年（2000年）10月6日、M7・3、鳥取県西部、平成12年（2000年）鳥取県西部地震。負182、住家全壊435棟、半壊3101棟など。震度6強。
○平成13年（2001年）3月24日、M6・7、安芸灘、平成13年（2001年）芸予地震、死2、負288、住家全壊70棟、半壊774棟など、震度6弱。
○平成13年（2001年）8月14日、M6・4、青森県東方沖、負1、震度4。
○平成14年（2002年）10月14日、M6・1、青森県東方沖、負2、震度5弱。
○平成14年（2002年）11月3日、M6・3、宮城県沖、負1、震度5弱。

○平成15年（2003年）5月26日、M7・1、宮城県沖、負174、住宅全壊2棟、住宅半壊21棟など、震度6弱。

○平成15年（2003年）7月26日、M6・4、宮城県北部〔宮城県中部〕、負677、住宅全壊1276棟、住宅半壊3809棟など、震度6強。

○平成15年（2003年）9月26日、M8・0、釧路沖〔十勝沖〕、平成15年（2003年）十勝沖地震死1、不明1、負849、住宅全壊116棟、住宅半壊368棟など、震度6弱、津波255cm。

○平成16年（2004年）9月5日、M7・1、紀伊半島沖〔三重県南東沖〕、負6、水道管破損など、震度5弱、津波66cm。

○平成16年（2004年）9月5日、M7・4、東海道沖〔三重県南東沖〕、負36、住家一部破損2棟など、震度5弱、津波101cm。

○平成16年（2004年）10月23日、M6・8、新潟県中越地方、平成16年（2004年）新潟県中越地震、死68、負4805、住家全壊3175棟、住家半壊13810棟など、震度7。

○平成16年（2004年）11月29日、M7・1、釧路沖、負52、住宅一部破損4棟など、震度5強、津波12cm。

○平成16年（2004年）12月6日、M6・9、釧路沖、負12、校舎一部破損など、震度5強。

○平成16年（2004年）12月14日、M6・1、留萌支庁南部、負8、住宅一部破損165棟など、震度5強。

●平成16年の台風：台風16号が8月30日～31日、18号が9月7日、23号が2003年10月19～21日にかけて日本全国に暴風・大雨・高潮の被害をもたらした。3つ合計で死者不明者160人。23号は2000年以降では最悪の台風被害である。これ以外の台風でも各地で被害が出ている。

○福岡県西方沖地震：2005年3月20日に発生したM7・0の地震。

●平成18年豪雪：２００５年11月から２００６年２月にかけて発生した豪雪。死者行方不明者１５０人以上。
○能登半島地震：２００７年３月25日に発生したＭ６・９の地震。
○新潟県中越沖地震：２００７年７月16日に発生したＭ６・８の地震。
○平成20年茨城県沖地震：２００８年５月８日に発生したＭ７・０の地震。
○岩手・宮城内陸地震：２００８年６月14日に発生したＭ７・２の地震。土砂災害が多発した。
○岩手県沿岸北部地震：２００８年７月24日に発生したＭ６・８の地震。
○駿河湾地震：２００９年８月11日に発生したＭ６・５の地震。東名高速道路が路肩崩落により通行止めとなり、お盆の帰省ラッシュに大きな影響が出た。

【２０１０年代】

○２０１０年元日豪雪：前年12月31日から１月２日にかけて北陸地方・山陰地方において大雪。特急列車が30時間以上立ち往生し、Ｕターンラッシュにも影響。
○新燃岳噴火：２０１１年１月26日から噴火、その後噴火の規模が大きくなった。４月18日19時22分の噴火以降、際立った噴火は起こっていないが、依然として爆発的噴火に警戒が必要である。霧島山（新燃岳）火山活動解説資料［外部］。
■東日本大震災：２０１１年３月11日に発生したＭ９・０の巨大地震（国内観測史上最大の地震）。最大震度７。東日本の太平洋沿岸部に多大な被害を与えた。死者１９４７５人、行方不明者２５８７人。
○長野県北部地震（栄村大震災）：２０１１年３月12日に発生したＭ６・７の地震。長野県栄村では震度６強を記録しており、家屋の倒壊や土砂崩れなどの被害を受けた。
○福島県浜通り地震：２０１１年４月11日に発生したＭ７・０の地震。東北地方太平洋沖地震で誘発された余震。福島県いわき市で震度6弱を記録。また同市で土砂崩れにより3人が死亡した。またこの地震で復旧中の電力が途絶し最大約21万戸が停電した。翌日、同じような場所と深さでM6・4、最大震度6弱の地震が発生したが、この地震で誘発されたと思われるもので、厳密には別の地震である。

○平成23年台風12号：9月2日～3日にかけて、西日本各地に大雨を降らせた。特に紀伊半島の奈良県南部・和歌山県で被害が大きかった。死者・不明者92人。

○平成25年台風26号：東京都の伊豆大島にて記録的な大雨による土石流が発生。集落を飲み込み死者行方不明者39人。

２０１３年猛暑：8月上旬から中旬にかけて全国的に猛暑となり、高知県四万十市江川崎で歴代1位となる最高気温41・0℃を観測した。各地で熱中症による救急搬送も多数あった。

○平成26年豪雪：普段は雪の少ない太平洋側でも大雪となり、首都圏などでスリップ事故が相次いだ。特に岐阜県・山梨県・長野県では大雪で孤立する集落が相次いだ。特に鉄道の立ち往生が相次ぎ、中央本線では丸2日以上止まっていた列車もあった。

○２０１４年広島市土砂災害：２０１４年8月20日に広島市北部の安佐北区・安佐南区の複数箇所にて　大規模な土砂災害が発生。土石流などで死者74人、家屋の全半壊２５５軒。広島市内の地質が影響し被害が拡大した。

○２０１４年御嶽山噴火：２０１４年9月27日11：52、登山客が山頂に多数居る時間に突然噴火。多くの登山客が巻き込まれた。死者57人。

●平成28年熊本地震：２０１６年4月14日21：26に前震（M６・５）が発生し、最大震度7を益城町で観測。その後、４月16日に本震（M７・３）が発生し、熊本県益城町（２回目）、西原村で最大震度7を観測したほか、熊本県と大分県の広範囲で震度６強～６弱を観測。なお、本震の際には大分県中部でも誘発地震が同時発生していた。地震と関連死合わせ計263人。

○熊本県阿蘇地震：2016年4月16日3：55に発生したM5・8の地震。平成28年熊本地震に誘発された地震。熊本県産山村で最大震度6強を観測。熊本地震の本震で震度6強の揺れに見舞われた南阿蘇村などでは、被害の拡大を招いた。

○大分県中部地震：2016年4月16日7：11に発生したM5・3の地震。平成28年熊本地震に誘発された地震。大分県由布市で最大震度5弱を観測。熊本地震の本震（ほぼ同時発生した大分県中部の誘発地震）で震度6弱の揺れに見舞われた由布市・別府市などでは、被害の拡大を招いた。

○平成28年（2016年）台風第7号、第11号、第9号、第10号及び前線による大雨・暴風：2016年8月16日〜8月31日に発生した台風及び北海道地方に停滞した前線による大雨により死者25名、農作物への甚大な被害。

●平成30年7月：西日本豪雨：2018年7月上旬に西日本を中心に発生した豪雨災害。死者184人不明55人。

近年（平成29〜31年4月末）の皇室日程表

※戦前の宮中重要祭祀は、戦後、春季皇霊祭は「春分の日」、秋季皇霊祭は「秋分の日」、新嘗祭は「勤労感謝の日」と祝日になっています。
○印は出席。●印は欠席（お慎み）
参考までに最後に平成20年度のものを掲載します。

【平成29年度：皇室の宮中祭祀の出欠】

◎1月3日【元始祭の儀】（賢所仮殿）
○天皇陛下
○皇太子殿下
○文仁親王同妃両殿下、眞子内親王殿下並びに佳子内親王殿下（参列）
●美智子皇后陛下⇓お慎み
●雅子皇太子妃殿下⇓欠席
◎1月7日【昭和天皇祭皇霊殿の儀】（賢所仮殿）
○天皇皇后両陛下
○皇太子殿下

○文仁親王同妃両殿下、眞子内親王殿下並びに佳子内親王殿下（参列）
●雅子皇太子妃殿下⇓欠席
◎1月30日【孝明天皇例祭の儀】（賢所仮殿）
○皇太子殿下
○文仁親王同妃両殿下、眞子内親王殿下
●天皇陛下⇓（代拝）●美智子皇后陛下⇓お慎み
●雅子皇太子妃殿下⇓欠席
◎3月20日【春季皇霊祭・神殿祭の儀】（皇霊殿・神殿）
○天皇陛下
○皇太子殿下
○文仁親王同妃両殿下、眞子内親王殿下並びに佳子内親王殿下（参列）
●美智子皇后陛下⇓お慎み
●雅子皇太子妃殿下⇓欠席
※皇太子同妃両殿下は、3月27日〜3月31日まで恒例の長野スキーバカンス。
◎4月3日【神武天皇祭皇霊殿の儀】（皇霊殿）
○天皇陛下
○皇太子殿下
○文仁親王同妃両殿下、眞子内親王殿下並びに佳子内親王殿下（参列）

●美智子皇后陛下⇓お慎み
●雅子皇太子妃殿下⇓欠席
※皇太子同妃両殿下は、4月4日ご会釈（人事異動者：東宮御所）
◎9月23日【秋季皇霊祭の儀・秋季神殿祭の儀】（皇霊殿・神殿）
○天皇陛下
○皇太子殿下
○文仁親王同妃両殿下、眞子内親王殿下（参列）
●美智子皇后陛下⇓お慎み
●雅子皇太子妃殿下⇓欠席
※皇太子同妃両殿下は、同23日、ＢＢＳ運動発足70周年記念式典にご臨席。
◎10月17日【神嘗祭賢所の儀】（賢所）
○天皇陛下
○皇太子殿下
○文仁親王同妃両殿下
●美智子皇后陛下⇓お慎み。※同日、美智子皇后陛下は「ル・ポン国際音楽祭」を鑑賞なされておりました。
●雅子皇太子妃殿下⇓欠席。※皇太子同妃両殿下は、同17日に国際交流基金賞受賞者をご接見。
◎11月23日【新嘗祭神嘉殿の儀】（神嘉殿）
○天皇陛下

○皇太子殿下
○文仁親王殿下
●美智子皇后陛下⇓お慎み
●雅子皇太子妃殿下⇓欠席
◎12月15日【賢所御神楽の儀】（賢所）
○天皇陛下
○皇太子殿下
○文仁親王同妃両殿下、眞子内親王殿下
●美智子皇后陛下⇓お慎み
●雅子皇太子妃殿下⇓欠席
◎12月25日【大正天皇例祭の儀】（皇霊殿）
○天皇陛下
○皇太子殿下
○文仁親王同妃両殿下、眞子内親王殿下
※天皇皇后両陛下：ご昼餐（タイ王女チュラポン殿下：御所）
●美智子皇后陛下⇓お慎み
●雅子皇太子妃殿下⇓欠席

【平成30年度：皇室の宮中祭祀の出欠】

◎1月3日【元始祭の儀】（宮中三殿）
○天皇陛下
○皇太子殿下
○文仁親王同妃両殿下、眞子内親王殿下（参列）
●美智子皇后陛下⇒お慎み
●雅子皇太子妃殿下⇒欠席

◎1月7日【昭和天皇祭皇霊殿の儀】（皇霊殿）
○天皇皇后両陛下
○皇太子殿下
○眞子内親王殿下
□文仁親王同妃両殿下（昭和天皇祭山陵に奉幣の儀ご参列：武蔵陵墓地）
●雅子皇太子妃殿下⇒欠席

◎1月30日【孝明天皇例祭の儀】（賢所仮殿）
○天皇陛下
○皇太子殿下
○文仁親王同妃両殿下
●美智子皇后陛下⇒お慎み
●雅子皇太子妃殿下⇒欠席

※皇太子同妃両殿下は、同31日、ご進講（法務省保護局長：東宮御所）
◎3月21日【春季皇霊祭・神殿祭の儀】（皇霊殿・神殿）
○天皇陛下
○文仁親王同妃両殿下並びに眞子内親王殿下（参列）
▽皇太子殿下ブラジルご旅行から帰国後、賢所皇霊殿神殿に謁する儀（宮中三殿）
●美智子皇后陛下⇓お慎み
●雅子皇太子妃殿下⇓欠席
※雅子皇太子妃殿下は、3月20日ご鑑賞（音楽大学卒業生演奏会：桃華楽堂）、皇太子同妃両殿下3月26日～3月30日まで恒例の長野スキーバカンス。
◎4月3日【神武天皇祭皇霊殿の儀】（皇霊殿）
○天皇陛下
○皇太子殿下
○文仁親王同妃両殿下、眞子内親王殿下（参列）
●美智子皇后陛下⇓お慎み
●雅子皇太子妃殿下⇓欠席
※天皇皇后両陛下は同4月2日、皇居周辺をテレビ局のカメラを帯同されて「お忍びの散策」をなされておりました。また、美智子皇后陛下と雅子皇太子妃殿下は、翌日（4月4日）墨田区で開催された「子供コンサート」を揃って鑑賞なされておりました。

◎9月23日【秋季皇霊祭の儀・秋季神殿祭の儀】（皇霊殿・神殿）
○天皇陛下
○皇太子殿下
○文仁親王同妃両殿下、眞子内親王殿下並びに佳子内親王殿下（参列）
●美智子皇后陛下⇓お慎み
●雅子皇太子妃殿下⇓欠席
※皇太子同妃両殿下は、同25日～26日、福岡県行啓。
◎10月17日【神嘗祭賢所の儀】（賢所）
○天皇陛下
○皇太子殿下
○文仁親王同妃両殿下
●美智子皇后陛下⇓お慎み
●雅子皇太子妃殿下⇓欠席
※皇太子同妃両殿下は、同17日、ご接見（国際交流基金賞受賞者：東宮御所）
◎11月23日【新嘗祭神嘉殿の儀】（神嘉殿）
○天皇陛下
○皇太子殿下
○文仁親王殿下

●美智子皇后陛下⇓お慎み
●雅子皇太子妃殿下⇓欠席
※皇太子同妃両殿下、11月22日、ご接見（モロッコ王女ララ・ハスナ殿下：東宮御所）、11月26日、皇太子同妃両殿下、ご接見（ヨルダン国王王妃両殿下：マンダリンオリエンタル東京）
◎12月17日【賢所御神楽の儀】（賢所）
○天皇陛下
○皇太子殿下
▽文仁親王同妃両殿下（タイから帰国につき賢所ご参拝）
●美智子皇后陛下⇓お慎み
●皇太子同妃両殿下⇓欠席
◎12月25日【大正天皇例祭の儀】（皇霊殿）
○皇太子殿下
○文仁親王同妃両殿下並びに佳子内親王殿下（参列）
●天皇陛下⇓（ご代拝）
●美智子皇后陛下⇓お慎み
●雅子皇太子妃殿下⇓欠席

【平成31年4月末まで：皇室の宮中祭祀の出欠】

◎1月3日【元始祭の儀】（賢所仮殿）

○天皇陛下
○皇太子殿下
○文仁親王同妃両殿下、眞子内親王殿下並びに佳子内親王殿下ご参列
●美智子皇后陛下⇓お慎み
●雅子皇太子妃殿下⇓欠席
◎1月7日【昭和天皇祭皇霊殿の儀】（賢所仮殿）
□天皇皇后両陛下（武蔵野陵ご参拝）
○皇太子同妃両殿下
□文仁親王同妃両殿下（武蔵野陵ご参拝）
◎1月30日【孝明天皇例祭の儀】（賢所仮殿）
○天皇陛下
○皇太子殿下
○文仁親王同妃両殿下並びに佳子内親王殿下
●美智子皇后陛下⇓お慎み
●雅子皇太子妃殿下⇓欠席
◎3月21日【春季皇霊祭・神殿祭の儀】（皇霊殿・神殿）
○天皇陛下
○皇太子殿下

○文仁親王同妃両殿下、眞子内親王殿下並びに佳子内親王殿下ご参列
●美智子皇后陛下⇓お慎み
●雅子皇太子妃殿下⇓欠席
※3月25日〜3月29日まで恒例の長野スキーバカンス。
◎4月3日【神武天皇祭皇霊殿の儀】（皇霊殿）
○皇太子殿下
○文仁親王同妃両殿下、眞子内親王殿下並びに佳子内親王殿下ご参列
●天皇陛下⇓（ご代拝）
●美智子皇后陛下⇓お慎み
●雅子皇太子妃殿下⇓欠席
※同2日、天皇皇后両陛下並びに皇太子同妃両殿下は「木曜会」主催の音楽会をご鑑賞なされておりました。

【平成20年度：皇室の宮中祭祀の出欠】

◎1月3日【元始祭の儀】（賢所仮殿）
○天皇皇后両陛下
○皇太子殿下
○文仁親王同妃両殿下
●雅子皇太子妃殿下⇓欠席
◎1月7日【昭和天皇祭皇霊殿の儀】（賢所仮殿）

○天皇皇后両陛下
○皇太子殿下
○文仁親王同妃両殿下
●雅子皇太子妃殿下⇓欠席
◎1月30日【孝明天皇例祭の儀】（賢所仮殿）
○天皇皇后両陛下
○皇太子殿下
○文仁親王同妃両殿下
●雅子皇太子妃殿下⇓欠席
◎3月20日【春季皇霊祭・神殿祭の儀】（皇霊殿・神殿）
○天皇皇后両陛下
○皇太子殿下
○文仁親王同妃両殿下
●雅子皇太子妃殿下⇓欠席
※皇太子同妃両殿下は、3月19日茶会に出席、3月29日～4月2日まで恒例の長野スキーバカンス。
◎4月3日【神武天皇祭皇霊殿の儀】（皇霊殿）
○天皇皇后両陛下
○皇太子殿下

○文仁親王同妃両殿下
●雅子皇太子妃殿下⇓欠席
※皇太子同妃殿下は、4月2日長野スキーバカンスから帰京、4月4日ご会釈（人事異動者：東宮御所）
◎9月23日【秋季皇霊祭の儀・秋季神殿祭の儀】（皇霊殿・神殿）
○天皇皇后両陛下
○皇太子殿下
○文仁親王同妃両殿下
●雅子皇太子妃殿下⇓欠席
◎10月17日【神嘗祭賢所の儀】（賢所）
○天皇皇后両陛下
○皇太子殿下
○文仁親王同妃両殿下
●雅子皇太子妃殿下⇓欠席
◎11月23日【新嘗祭神嘉殿の儀】（神嘉殿）
○天皇陛下
○皇太子殿下
○文仁親王殿下
●美智子皇后陛下⇓欠席

●雅子皇太子妃殿下⇓欠席
◎12月15日【賢所御神楽の儀】（賢所）
○皇太子殿下
○文仁親王同妃両殿下
●天皇皇后両陛下⇓欠席
●雅子皇太子妃殿下⇓欠席
◎12月25日【大正天皇例祭の儀】（皇霊殿）
○皇太子殿下
○文仁親王同妃両殿下
●天皇皇后両陛下⇓欠席
●雅子皇太子妃殿下⇓欠席
※同日、美智子皇后陛下は〔相馬雪香先生を追悼し感謝する会〕にご出席なされておりました。

以上【皇室日程表】は宮内庁のホームページを参考に、一部マスコミ報道も参考に筆者が作成しました。

あとがき

小生が皇室を意識した最初は、小学生低学年のとき、実家と国道を挟んだ向かいに、小林多喜二の実母セキおばあちゃんが娘さんの嫁ぎ先の豆腐屋さんに同居されており、その家で遊んでいるときセキおばあちゃんに「このワラシうるさい！」って、よく叱られていた頃まで遡ります。

そのおばあちゃんと祖父は仲良くしていて、学校から帰ってくるとセキおばあちゃんと祖父は「爺さんや」「婆さんや」と呼びあい、仲良く話している姿をよく見かけておりました。

小生は祖父からセキおばあちゃんは、「仁徳天皇の竈《かまど》の煙りの話が大好きなんだ」と、繰り返し聞かされていました。

小生の祖父も皇室大好きで、上皇上皇后陛下が御成婚された昭和34年4月10日に、我が家の庭に梨の木を2本植える手伝いをさせられた記憶が昨日のように甦ります。

香淳皇后陛下が大好きだった母は、スクラップブックにさまざまな写真や記事を集めていました。

また、母は、香淳皇后陛下が日本赤十字社名誉総裁だったことを慕って、日本赤十字社の活動に多年にわたり従事していたことに対して、「銀色有功章」「金色有功章」を授与され宝物のように大事にしておりました。

このような環境に育った小生が、この度、皇室の安泰を祈るための本書を上梓できたことは、無理難題を理解していただいた編集者の佐藤春生さんの尽力の賜物です。誠に有難うございました。

最後に本書を皇室の安寧と安泰を祈る過去現在未来の国民に捧げるとともに、皇室大好きだった祖父と両親に捧げます。

令和元年八月十二日

阿佐谷の草庵にて記す

近現代史研究家　水間　政憲

[著者略歴]
水間政憲（みずま・まさのり）
1950年、北海道生まれ。慶應義塾大学法学部政治学科中退。近現代史（GHQ占領下の政治・文化）の捏造史観に焦点を絞り、一次資料を発掘し調査研究を行っている。2004年11月10日号と2008年8月6日号の『SAPIO』誌に中国と台湾国防院が発行した「尖閣」と日本固有の領土を示す地図をスクープ。2015年2月号『Voice』に中国の「国土地理院」が1969年に発行した地図にも「尖閣」と日本固有の領土を示していることをスクープ。これらの地図は、外務省のホームページで、尖閣諸島が「日本固有の領土」を示す決定的な証拠として掲載されている。『正論』（2006年6月号）に「スクープ〝遺棄化学兵器〟は中国に引き渡されていた」（第1弾）を発表。その後、「スクープ第10弾」まで寄稿し、その間、戸井田徹衆議院議員（当時）と連携し、国会において中国や外務省の矛盾点を明らかにして、中国が要求していた最大60兆円を阻止。『正論』（2006年11月号）「スクープ！実際にあった『北海道占領計画書』」は、人類史上まれに見る凶悪なソ連（ロシア）による「国家犯罪計画」を暴いた。韓国の捏造史観にたいして、『SAPIO』誌に2009年から連載した『朝日新聞〈朝鮮版〉の研究』は『朝日新聞が報道した「日韓併合」の真実』（徳間書店）として上梓し、「創氏改名」等、さまざまな「強制」の嘘を暴いた。後世に遺す図書としての企画は『パール判事の日本無罪論』（田中正明著）『「南京事件」の総括』（同）、『「南京事件」日本人48人の証言』（阿羅健一著）いずれも小学館文庫。編著に『南京の実相』（自民党歴史議連監修）がある。現在、『ひと目でわかるシリーズ』は、『ひと目でわかる「GHQの日本人洗脳計画」の真実』に続き第10弾『ひと目でわかる「戦前の昭和天皇」の真実』は、同書に掲載されている天皇家の家系図から、皇太子殿下より天皇の血が濃い男子の従兄弟が3名いることを明らかにして、「女性宮家」推進派を沈黙させ話題になった。

ひと目でわかる皇室の危機――天皇家を救う秘中の秘

2019年10月1日　第1刷発行
2019年11月1日　第2刷発行

著　者　水間政憲
発行者　唐津 隆
発行所　株式会社ビジネス社
〒162-0805　東京都新宿区矢来町114番地 神楽坂高橋ビル5F
電話　03(5227)1602　FAX　03(5227)1603
http://www.business-sha.co.jp

〈装幀〉大谷昌稔　〈本文組版〉エムアンドケイ　茂呂田剛
〈印刷・製本〉中央精版印刷株式会社
〈編集担当〉佐藤春生　〈営業担当〉山口健志

ISBN978-4-8284-2128-5

決定版 日本書紀入門

2000年以上続いてきた国家の秘密に迫る

竹田恒泰・久野潤……著

定価　本体1000円＋税
ISBN978-4-8284-2096-7

「最古の歴史書」誕生から1300年
本当は世界に向けた情報発信だった！

日本人なら一度は読んでみたい日本書紀全30巻のエッセンスを1冊に。

本書の内容

はじめに　異色!?　でも「王道」の日本書紀入門　——久野潤
第一章　『日本書紀』は日本の原点
第二章　現代にも生きる日本書紀の精神
第三章　『日本書紀』を読んでみる
第四章　国難を乗り越える『日本書紀』
最終章　『日本書紀』一三〇〇年と令和の時代
おわりに　不思議の国・日本のなぞに迫る「最古の歴史書」——竹田恒泰

ビジネス社の本

完結「南京事件」

日米中歴史戦に終止符を打つ

水間政憲……著

定価　本体1600円＋税
ISBN978-4-8284-1968-8

やっぱりなかった「南京大虐殺」！

反日勢力の嘘を暴く決定的証拠をスクープ。南京城内で民間人と特定できる死者数は「40万人」ではなく〝34人〟だった

本書の内容